뚱딴지 작가 김우영의

만화 소요리문답

일러두기 |

1. 이 만화는 개신교의 중요한 교리를 담은 웨스트민스터 소요리문답을 만화로 엮은 것입니다.
2. 2006년 출간된 『예수님께 질문있는 사람~!』 1, 2권의 합본 개정판입니다.
3. 본문 성경은 아가페 출판사의 〈쉬운성경〉을 인용하였습니다.

그리스도인이라면 누구나
꼭 알아야 할 107가지 성경문답

뚱딴지 작가 김우영의
만화 소요리문답

글·그림 김우영

비전북

머리말

　내가 처음 '소요리'를 대한 것은 한국전쟁으로 인한 부산 피난시절 중1 때였습니다. 그 당시 피난민의 자녀들을 위해 부산 영도 고갈산 기슭에 중학교가 세워졌었는데 기독교 정신으로 세워진 학교라 일주일에 한 시간씩 성경공부 시간이 있었습니다. 그 지역에서 유명한 목사님이셨던 성경 선생님은 이 '소요리'를 교재로 하여 학생들을 가르치셨습니다.

　나를 포함한 대부분의 학생들은 "왜 저 목사님은 이 딱딱하고 재미없는 교리를 가르치실까? 성경에는 다른 재미있는 이야깃거리가 많이 있는데……"라고 투덜거리며 듣는 둥 마는 둥 시간만 빨리 가기를 바라곤 했었습니다.

　그 후 많은 세월이 흘러 나는 아이들을 가르치는 교사가 되었습니다. 그 때 마침 이 '소요리'를 교재로 수업을 하게 되었는데 참 놀라지 않을 수 없었습니다.

　'이렇게 좋은 교재가 또 어디 있을까?' 공과를 준비하면서 나는 매번 큰 깨달음의 감격 속에서 많은 지식을 쌓아 나갔습니다.

　'하나님을 아는 것이 지식과 지혜의 근본'이라고 했는데 '소요리'는 하나님에 대한 정확한 설명 뿐 아니라 성경 66권을 107가지 문답으로 압축해서 우리가 평소 궁금해 하던 것을 잘 알려 주고 있었습니다.
　이렇게 만화로까지 엮게 된 이유는 독자들을 쉽고 재미있는, 그러나 꼭 알아야 하는 '교리'의 세계로 이끌기 위해서입니다. 물론 충분한 설명이 되지 못한 내용도 있습니다만, 어렵거나 의문이 풀리지 않는 것은 교회의 목사님께 여쭈어 보기를 바랍니다.

　바라건대 우리 독자들이 이 책을 통해 바른 신앙관을 갖고 하나님을 경외하여 하나님께 기쁨을 드리는, 그래서 축복받는 귀한 영혼들이 되기를 간절히 소망합니다.

2014년 1월
평창동 화실에서 김우영

추천사 1

개신교회에는 쌍벽을 이루는 두 가지 요리문답이 있는데 하이델베르그 요리문답과 웨스트민스터 요리문답이 있습니다.

두 요리문답은 하나님의 교회가 신앙적으로 혼란할 때 바른 진리를 가르치는 데 큰 도움을 주는 지침서였습니다. 또한 자녀들을 신앙적으로 교육하는 데 꼭 필요한 책으로 유럽과 미국의 많은 교회들이 가르치고 있고 한국에서도 중요하게 생각하여 여러 교회에서 가르치고 있습니다.

어린이들에게 바른 교리를 교육하는 것은 어떤 일보다 소중한 일입니다.

때문에 많은 이들에게 익숙한 캐릭터가 등장하는 『뚱딴지 작가 김우영의 만화 소요리문답』이 출간되는 것은, 어린이들이 좋아하는 만화를 통하여 복음의 기본 진리를 쉽게 가르칠 수 있으므로 매우 유익한 일이라고 생각합니다.

만화를 통하여 어린이들이 기본 진리를 이해하게 된다면 어린이들은 깨달은 진리를 평생 잊지 않고 그 진리대로 살 것입니다.

저 또한 어렸을 때 친구들과 함께 만화를 재미있게 읽었습니다.

그때 읽었던 『밀림왕자』 『엄마 찾아 3만리』 『왕가의 보물』 등은 지금도 생생하게 기억이 납니다. 어린이들이 이 책을 통해 변화되고 일생동안 이 진리로 무장하여 온전한 하나님의 사람으로 살아가기를 진심으로 바랍니다.

하나님의 영광을 위하여 자녀들을 신앙으로 무장시키기 원하는 부모님들께도 꼭 필요한 책이라고 생각되어 추천하여 드립니다.

전) 어린이전도협회 한국본부
대표 최원장 목사

추천사 2

　김우영 장로님을 생각하면 늘 해맑게 웃으시는 얼굴과 뚱딴지 캐릭터가 떠오릅니다.
　저도 뚱딴지 만화를 자주 봅니다만, 볼 때마다 참으로 재미있고 유익한 책이라는 생각이 듭니다. 뚱딴지 만화는 무엇보다 인생을 바르게 살아가는 지혜와 우리 어린 친구들에게 꿈과 소망을 주는 이야기들로 가득합니다. 또한 건강한 인격으로 성장하게 하는 폭넓은 교양이 담겨 있습니다.
　그러므로 〈명탐정〉, 〈명심보감〉, 〈삼국지〉, 〈수호지〉, 〈초한지〉, 〈동물만화〉 등 뚱딴지로 표현되는 김우영 장로님의 만화세계의 중심은 오직 건강하고 지혜로운 어린이를 키워내는 것이라 말할 수 있습니다.

　『뚱딴지 작가 김우영의 만화 소요리문답』은 개인적으로 정말 바라던 책입니다. 친근한 캐릭터인 '달리'와의 만남을 통해 우리 친구들이 기독교 신앙의 내용에 대해서 접할 수 있게 된 것이 무척 기쁩니다. 단순히 '달리'라고 하는 친근한 캐릭터 때문만 아니라, 만화의 내용이 복음에 충실하면서도 우리 친구들의 눈높이에 꼭 맞는 표현들로 가득하기 때문입니다.

아무쪼록 김우영 장로님께서 심혈을 기울여 출간하신 『뚱딴지 작가 김우영의 만화 소요리문답』을 통해 하나님을 아는 지식이 우리 친구들에게 더욱 넘쳐나길 바랍니다.

하나님을 아는 것이 지식의 근본입니다.

전) ≪빛과 소금≫ 편집장
전) 숭의여대 교목
지명교회 담임목사 조인서

잠언은 처음부터 마지막 장까지 온통 지혜에 대해 말씀합니다. 그만큼 지혜가 소중하다는 것이지요. 그런데 어떻게 해야 지혜로운 사람이 될까요? 성경 속에 해답이 있습니다. 어린이들이 이 책을 읽으면 하나님을 아는 지식이 가장 귀한 지혜라는 것을 알게 됩니다! 예수님께 마음놓고 여쭈어 보아요. 예수님, 가르쳐 주세요! 더 알고 싶어요!

동화작가 노경실

유한한 인간의 세상에서 변하지 않는 것이 있다면 바로 하나님의 말씀인 성경이라 할 것입니다. 『똥딴지 작가 김우영의 만화 소요리문답』은, 새싹에 비유되는 사랑스런 어린 영혼들에게, 인생을 사는 데 있어 가장 기본이 되는 성경을 쉽고 재미있게 풀어내 들려줍니다. 부모와 자녀가, 교사와 학생이, 이 책을 함께 읽으며 은혜 나눌 수 있기를 소망합니다.

미美 미드웨스트 대학교 부총장, 기독교교육학 박사 엄문용

    바른 신앙과 성경 연구에 중요한 지침이 되는 소요리문답서는 교리를 다루고 있어 내용을 이해하기가 어려운데 학습만화의 최고 작가인 김우영 장로님이 다양한 비유와 흥미로운 이야기를 통해 어려운 내용을 쉽게 알 수 있도록 만화로 엮었다.

    김우영 장로님의 만화는 독창적이면서 완성도가 뛰어나고 캐릭터는 친구처럼 호감을 주고 있어 독자들은 재미있게 만화를 보면서 교리를 정확히 깨달아 신앙 성장에 큰 도움이 될 줄 믿고 모든 신자들에게 적극 추천한다.

전) 한국만화가 협회 회장
현) 한국 기독 만화 선교회 고문
권영섭 교수

 달리

 달리아빠

 달리엄마

 달숙이

 할머니

오이지

 오이지 아빠

 오이지 엄마

등장인물

만길이

인철이

유미

선미누나

전도사님

질문1. 사람의 가장 크고 우선되는 목적은 무엇일까요?

질문2. 어떻게 하면 하나님께 영광을 돌리고 또 하나님을 기쁘시게 해드릴 수 있을까요? 하나님께서 알려주신 방법은 없나요?

질문3. 성경이 주로 가르치는 것은 무엇인가요?

질문4. 하나님은 어떤 분이신가요?

질문5. 하나님 한 분 외에 다른 하나님이 계실까요?

질문6. 하나님의 신격에는 몇 위가 있을까요? (삼위일체란?)

질문7. 하나님의 '예정' 이란 무엇인가요?

질문8. 하나님이 그 예정을 어떻게 실행하실까요?

질문9. 창조의 사역이란 무엇인가요?

질문10. 하나님은 사람을 어떻게 만드셨나요?

질문11. 하나님의 섭리의 사역이 무엇인가요?

질문12. 사람이 지음을 받았을 때 하나님은 그에게 어떠한 특별한 섭리를 행하셨나요?

질문13. 우리의 첫 조상은 창조된 그때의 신분을 그대로 유지했나요?

질문14. 죄란 무엇인가요?

질문15. 우리의 조상이 처음 창조되었던 상태에서 타락한 원인이 되는 죄는 무엇이었나요?

질문16. 아담의 첫 범죄로 모든 인류가 타락하였나요?

질문17. 그 타락은 인류를 어떠한 상태에 빠지게 하였나요?

질문18. 타락한 상태에서 사람의 죄성은 어떻게 구성되나요?

질문19. 사람이 타락하여 어떻게 비참해졌나요?

질문20. 하나님께서 모든 사람을 죄의 비참한 상태에서 멸망하도록 내버려 두셨나요?

질문21. 하나님께서 선택하신 자들의 구속자는 누구인가요?

질문22. 하나님의 아들이신 그리스도가 어떻게 사람이 되셨나요?

질문23. 그리스도가 우리의 구속자로서 하시는 직무가 무엇인가요?

질문24. 그리스도가 예언자의 직무를 어떻게 실행하시나요?

질문25. 그리스도가 제사장의 직무를 어떻게 실행하시나요?

질문26. 그리스도가 왕의 직무를 어떻게 실행하시나요?

질문27. 그리스도는 어떻게 낮아지셨나요?

질문28. 그리스도는 어떻게 높아지셨나요?

질문29. 우리가 어떻게 그리스도가 값주고 사신 그 구속에 참여자가 되나요?

질문30. 성령은 그리스도의 값주고 사신 구속을 우리에게 어떻게 적용하시나요?

질문31. 효력있는 부르심이란 무엇인가요?

질문32. 효력있는 부르심을 받은 자들은 이 세상에서 무슨 유익이 있나요?

질문33. 의롭다 함이란 무엇인가요?

질문34. 양자로 삼는다는 것이 무엇인가요?

질문35. 거룩하게 하시는 것이 무엇인가요?

질문36. 이 세상에서 의롭다 함과 양자 삼으심과 거룩하게 하심으로 인하여 함께 받게 되거나 또는 여기서 나오는 유익들은 무엇인가요?

질문37. 신자가 죽을 때 그리스도로부터 어떤 혜택을 받나요?

질문38. 신자가 부활할 때 그리스도로부터 어떤 혜택을 받나요?

질문39. 하나님께서 사람에게 요구하시는 의무가 무엇인가요?

질문40. 하나님께서 복종의 규칙으로 사람에게 처음 나타내 보이신 것은 무엇인가요?

질문41. 도덕법은 어디에 요약되어 있나요?

질문42. 십계명의 최고 원칙은 무엇인가요?

질문43. 십계명의 머리말은 무엇인가요?

질문44. 십계명의 머리말이 우리에게 가르쳐 주는 것이 무엇인가요?

질문45. 제1계명은 무엇인가요?

질문46. 제1계명에서 명하는 것이 무엇인가요?

질문47. 제1계명이 금하는 것이 무엇인가요?

질문48. 제1계명에 있는 "나 외에"라는 말이 우리에게 특별히 가르치는 것은 무엇인가요?

질문49. 제2계명은 무엇인가요?

질문50. 제2계명에서 명하는 것이 무엇인가요?

질문51. 제2계명에서 금하는 것이 무엇인가요?

질문52. 제2계명을 지키라 하신 이유가 무엇인가요?

질문53. 제3계명은 무엇인가요?

질문54. 제3계명에서 명하는 것이 무엇인가요?

질문55. 제3계명에서 금하는 것이 무엇인가요?

질문56. 제3계명을 지키라 하신 이유가 무엇인가요?

질문57. 제4계명은 무엇인가요?

질문58. 제4계명에서 명하는 것이 무엇인가요?

질문59. 하나님께서 칠 일 중 어느 날을 안식일로 정하셨나요?

질문60. 안식일을 거룩하게 하는 방법은 무엇인가요?

질문61. 제4계명에서 금하는 것이 무엇인가요?

질문62. 제4계명을 지키라 하신 이유들은 무엇인가요?

질문63. 제5계명은 무엇인가요?

질문64. 제5계명에서 명하는 것이 무엇인가요?

질문65. 제5계명에서 금하는 것이 무엇인가요?

질문66. 제5계명을 지키라 하신 이유가 무엇인가요?

질문67. 제6계명은 무엇인가요?

질문68. 제6계명에서 명하는 것이 무엇인가요?

질문69. 제6계명에서 금하는 것이 무엇인가요?

질문70. 제7계명은 무엇인가요?

질문71. 제7계명에서 명하는 것이 무엇인가요?

질문72. 제7계명에서 금하는 것이 무엇인가요?

질문73. 제8계명은 무엇인가요?

질문74. 제8계명에서 명하는 것이 무엇인가요?

질문75. 제8계명에서 금하는 것이 무엇인가요?

질문76. 제9계명은 무엇인가요?

질문77. 제9계명에서 명하는 것이 무엇인가요?

질문78. 제9계명에서 금하는 것이 무엇인가요?

질문79. 제10계명은 무엇인가요?

질문80. 제10계명에서 명하는 것이 무엇인가요?

질문81. 제10계명에서 금하는 것이 무엇인가요?

질문82. 사람이 하나님의 계명을 완전히 지킬 수 있을까요?

질문83. 모든 범죄가 똑같이 악한가요?

질문84. 모든 죄가 마땅히 받을 보응이 무엇인가요?

질문85. 죄 때문에 마땅히 당할 하나님의 진노와 저주를 피하게 하시려고 하나님이 우리에게 명하시는 것이 무엇인가요?

질문86. 예수 그리스도를 믿는다는 것은 무엇인가요?

질문87. 생명에 이르는 회개란 무엇인가요?

질문88. 그리스도가 우리에게 구속의 유익을 전하는 외적인 표현방법은 무엇인가요?

질문89. 하나님의 말씀에는 어떤 힘이 있어 우리가 구원을 얻게 하나요?

질문90. 하나님의 말씀이 우리를 구원에 이르게 하는 능력있는 것이 되게 하려면 우리가 말씀을 어떻게 읽고 들어야 할까요?

질문91. 성례가 어떻게 구원의 능력있는 방법이 되나요?

질문92. 성례가 무엇인가요?

질문93. 신약의 성례는 무엇이 있나요?

질문94. 세례가 무엇인가요?

질문95. 세례는 누구에게 베풀 수 있나요?

질문96. 성찬이란 무엇인가요?

질문97. 주의 성찬에 합당하게 참여하려면 어떻게 해야 할까요?

질문98. 기도가 무엇인가요?

질문99. 하나님께서 우리에게 주신 기도의 지침은 없나요?

질문100. 주기도문의 서문이 우리에게 가르쳐 주는 것은 무엇인가요?

질문101. 주기도문의 첫째 기원에서 우리는 무엇을 기도하나요?

질문102. 주기도문의 둘째 기원에서 우리는 무엇을 기도하나요?

질문103. 주기도문의 셋째 기원에서 우리는 무엇을 기도하나요?

질문104. 주기도문의 넷째 기원에서 우리는 무엇을 기도하나요?

질문105. 주기도문의 다섯째 기원에서 우리는 무엇을 기도하나요?

질문106. 주기도문의 여섯째 기원에서 우리는 무엇을 기도하나요?

질문107. 주기도문의 결론이 우리에게 가르쳐 주시는 것은 무엇인가요?

부록ㅣ 소요리문답 정리

질문 1 사람의 가장 크고 우선되는 목적은 무엇일까요?

 사람의 가장 크고 우선되는 목적은 하나님께 영광을 돌리고 하나님을 영원토록 기쁘시게 해드리는 것이랍니다.

 고린도전서 10장 31절

"그러므로 여러분은 먹든지 마시든지 **무엇을** 하든지, 모든 것을 **하나님의 영광**을 위해 하십시오."

질문 2

어떻게 하면 하나님께 영광을 돌리고 또 하나님을 기쁘시게 해드릴 수 있을까요? 하나님께서 알려주신 방법은 없나요?

하나님께 영광을 돌리고 하나님을 기쁘시게 해드리는 방법을 우리에게 가르쳐 주는 유일한 것은 구약 성서와 신약 성서에 들어있는 하나님의 말씀입니다.

📕 디모데후서 3장 16~17절

"모든 **성경 말씀**은 하나님께서 감동을 주셔서 기록되었기 때문에 진리를 가르쳐 주며, 삶 가운데 무엇이 잘못되었는지 알게 해 줍니다. 또한 그 잘못을 **바르게 잡아 주고 의롭게 사는 법**을 가르쳐 줍니다. 말씀을 통해 하나님을 바르게 **섬기는 자**로 준비하게 되고, **모든 좋은 일**을 할 수 있는 사람으로 자라게 됩니다."

질문 3
성경이 주로 가르치는 것은 무엇인가요?

 성경은 사람이 하나님을 어떻게 믿어야 하는지, 하나님께서 사람에게 요구하시는 것이 무엇인지를 가르쳐 줍니다.

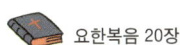 요한복음 20장 31절

"그런데도 이 책에 있는 표적들을 **기록한 것**은 여러분들로 하여금 **예수님**께서 하나님의 아들 **그리스도이심**을 믿게 하고, 그분의 이름을 **믿음**으로써 **생명**을 얻게 하기 위해서입니다."

하나님은 어떤 분이신가요?

 하나님은 그 존재, 지혜, 능력, 거룩, 공의, 선하심 그리고 진리에 있어서 끝이 없고, 영원 불변한 유일한 신이십니다.

 요한복음 4장 24절

"하나님께서는 영이시기 때문에 하나님께 예배하는 사람들은 반드시 영과 진리로 예배해야만 하오."

질문 5 하나님 한 분 외에 다른 하나님이 계실까요?

 살아계신 참 하나님 한 분밖에는 계시지 않습니다.

고린도전서 8장 4절

"이제 우상에게 제물로 바친 음식을 먹는 문제에 대해 이야기해 봅시다. 우리는 세상에서 우상이란 아무 것도 아니며, 하나님은 오직 한 분 뿐이라는 사실을 알고 있습니다."

열왕기상 8장 60절

"그러면 세계의 모든 백성이 주님만이 참 하나님이심을 알게 될 것입니다."

이사야 44장 6절

"이스라엘의 왕이신 여호와, 이스라엘을 구원하시는 만군의 여호와께서 이렇게 말씀하셨다. '나는 처음이요, 끝이다. 나밖에는 다른 신이 없다.'"

| 내가 꾸미는 한 컷 |

| 성경에서 찾아보기 |

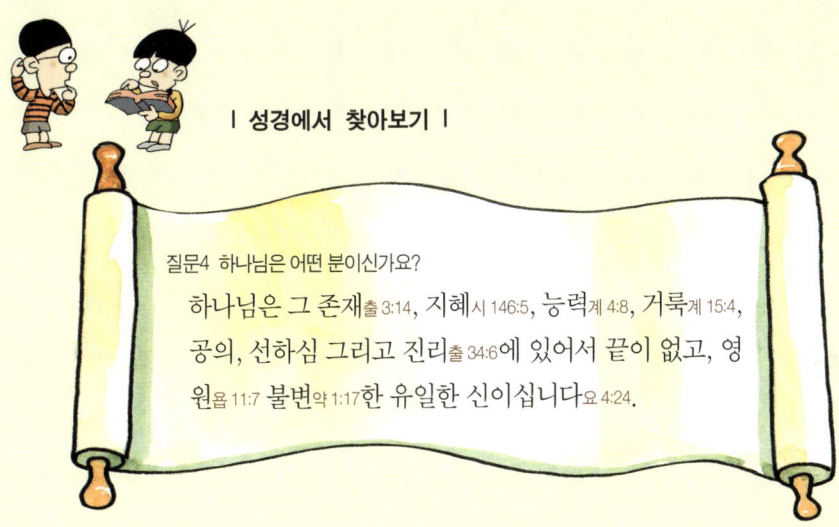

질문4 하나님은 어떤 분이신가요?

하나님은 그 존재출 3:14, 지혜시 146:5, 능력계 4:8, 거룩계 15:4, 공의, 선하심 그리고 진리출 34:6에 있어서 끝이 없고, 영원욥 11:7 불변약 1:17한 유일한 신이십니다요 4:24.

🍃 출애굽기 3장 14절
하나님께서 모세에게 말씀하셨습니다. "나는 스스로 있는 자이다. 너는 이스라엘 백성에게로 가서 '스스로 있는 분이 나를 너희에게 보내셨다'고 말하여라."

🍃 시편 146편 5절
야곱의 하나님을 자기의 도움으로 삼는 자는 복 있는 사람입니다. 여호와 자기 하나님께 소망을 두는 자는 복 있는 사람입니다.

🍃 요한계시록 4장 8절
네 생물은 각각 여섯 날개가 있었는데, 날개 안팎으로 눈이 가득하였습니다. 그것들은 밤낮으로 쉬지 않고 이렇게 외치고 있었습니다. "거룩하시다, 거룩하시다, 거룩하시다, 전능하신 주 하나님, 전에도 계셨고, 지금도 계시며, 장차 오실 분이다."

🍃 요한계시록 15장 4절
만민이 주님을 경배합니다. 주님을 찬양합니다. 오직 주님만이 거룩하신 분이십니다. 모든 백성이 주님 앞에 나와 경배합니다. 이는 주님은 의로우시고 공평하시며, 아무 흠도 없으신 신실한 하나님이시기 때문입니다.

🍃 출애굽기 34장 6절
여호와께서 모세 앞을 지나가시며 말씀하셨습니다. "나는 여호와이다. 여호와는 자비롭고 은혜로운 하나님이다. 나는 그리 쉽게 노하지 않으며 사랑과 진실이 큰 하나님이다."

🍃 욥기 11장 7절
자네가 하나님의 신비하심을 깨달을 수 있는가? 전능자에게서 어떤 한계를 찾을 수 있겠는가?

🍃 야고보서 1장 17절
모든 선한 행위와 완전한 선물들은 빛들을 창조하신 하나님으로부터 위에서 내려오는 것입니다. 하나님께서는 결코 그림자처럼 변하는 일이 없으십니다.

🍃 요한복음 4장 24절
하나님께서는 영이시기 때문에 하나님께 예배하는 사람들은 반드시 영과 진리로 예배해야만 하오.

질문 6 하나님의 신격에는 몇 위가 있을까요? (삼위일체란?)

 하나님의 신격으로 성부, 성자, 성령의 삼위가 있는데, 이 삼위가 한 하나님입니다. 본질이 같고, 능력과 영광이 동등합니다.

창세기 1장 26절

"하나님께서 말씀하셨습니다. '우리가 우리의 모습과 형상대로 사람을 만들자. 그래서 바다의 물고기와 공중의 새와 온갖 가축과 들짐승과 땅 위에 기어 다니는 모든 생물을 다스리게 하자.'"

마태복음 28장 19절

"그러므로 너희는 가서, 모든 민족을 제자로 삼아라. 아버지와 아들과 성령의 이름으로 세례를 주어라."

질문 7 하나님의 '예정'이란 무엇인가요?

 하나님의 예정이란 하나님의 뜻하시는 바를 따라 정하신 그분의 영원한 목적이며, 이 목적에 의하여 하나님은 자기의 영광을 위하여서 장차 일어날 모든 것을 미리 정해 놓으셨다는 것입니다.

질문 8 하나님이 그 예정을 어떻게 실행하실까요?

하나님은 창조와 섭리의 사역으로 그 예정을 실행하십니다.

📖 에베소서 1장 5절

"또한 그 때부터 예수 그리스도를 통해 우리를 자녀 삼으시기로 작정하셨습니다. 하나님께서는 이 일을 바라시고 또 기뻐하셨습니다."

잠언 16장 4절

"여호와께서 모든 것을 자기 목적대로 지으셨나니, 악인이 받을 재앙도 만드셨다."

 질문 9 창조의 사역이란 무엇인가요?

 창조의 사역이란 하나님이 하나님의 능력의 말씀에 의하여 엿새 동안에 아무것도 없는 중에서 만물을 지으신 것인데, 하나님이 보시기에 매우 좋게 지으셨답니다.

📖 창세기 1장 1절

"태초에 하나님께서 하늘과 땅을 창조하셨습니다."

창세기 1장 31절

"하나님께서 손수 만드신 모든 것을 보시니, 보시기에 매우 좋았습니다."

히브리서 11장 3절

"믿음을 통해 우리는 이 세상 모든 것이 하나님의 말씀으로 창조되었다는 것을 이해합니다. 이것은 우리가 보고 있는 것들이 보이지 않는 어떤 것으로 만들어졌다는 것을 말합니다."

질문 10 하나님은 사람을 어떻게 만드셨나요?

 남자와 여자를 만드셨는데, 하나님의 형상대로 만들어 지혜와 거룩함이 있게 하셨고 만물들을 다스리게 하셨습니다.

 창세기 1장 27~28절

"하나님께서 하나님의 형상대로 사람을 창조하시되, 남자와 여자를 만드셨습니다. 하나님께서 사람에게 복을 주시며 말씀하셨습니다. '자녀를 많이 낳고 번성하여 땅을 채워라. 땅을 정복하여라. 바다의 물고기와 하늘의 새와 땅 위에 움직이는 모든 생물을 다스려라.'"

질문 11 하나님의 섭리의 사역이 무엇인가요?

 하나님의 섭리의 사역이란, 하나님께서 지극히 거룩하고 지혜로운 능력으로 모든 창조물을 지키고 다스리시는 일입니다.

히브리서 1장 3절

"그 아들은 하나님의 영광을 나타내며 하나님의 본성을 그대로 보여 줍니다. 능력 있는 말씀으로 만물을 붙드시고, 사람들의 죄를 깨끗이 하시는 그분은 하늘에 계시는 위대하신 하나님의 오른편에 앉아 계십니다."

시편 103편 19절

"여호와께서 하늘에 왕좌를 놓으시고 온 세상을 다스리십니다."

마태복음 10장 29절

"참새 두 마리가 동전 한 개에 팔리지 않느냐? 그러나 너희 아버지가 아니고서는 한 마리도 땅에 떨어질 수 없다."

| 더 알고 싶어요 |

하나님께 어떻게 기도하면 되나요?

하나님은 있는 그대로 기도하는 것을 기뻐하신답니다.

하나님! 저를 사랑하셔서 이 세상에 태어나게 하시고, 자녀 삼아 주셔서 감사합니다. 인간을 창조하신 목적대로 제가 하나님께 영광을 돌리는 삶을 살 수 있게 해주세요. 하나님께 기쁨을 드리는 자녀가 되게 해주세요. 공부도 하나님을 위해서 하고, 노는 것도 하나님을 위해서 하게 해주세요. 오직 한 분이신 하나님을 잘 믿고, 하나님 말씀에 순종하며 살아가게 해주세요. 그리고 나쁜 짓은 하지 않게 해주세요. 오직 하나님께서 원하시는 일만 하는 제가 되게 해주세요. 예수님의 이름으로 기도 드렸습니다. 아멘.

| 성경에서 찾아보기 |

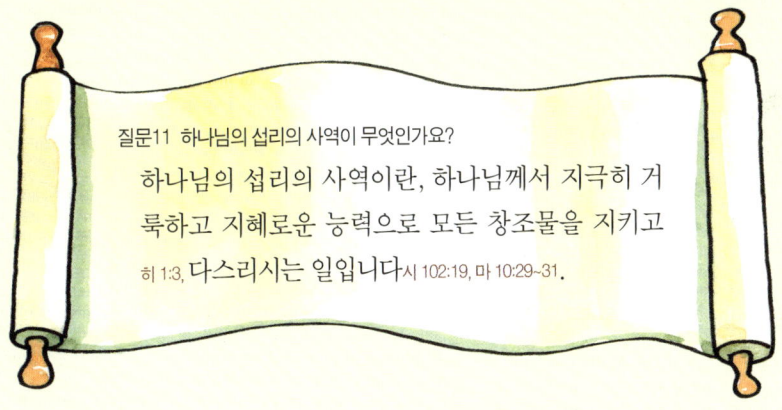

질문11 하나님의 섭리의 사역이 무엇인가요?

하나님의 섭리의 사역이란, 하나님께서 지극히 거룩하고 지혜로운 능력으로 모든 창조물을 지키고 히 1:3, 다스리시는 일입니다.시 102:19, 마 10:29~31.

🌿 히브리서 1장 3절

그 아들은 하나님의 영광을 나타내며 하나님의 본성을 그대로 보여 줍니다. 능력 있는 말씀으로 만물을 붙드시고, 사람들의 죄를 깨끗이 하시는 그분은 하늘에 계시는 위대하신 하나님의 오른편에 앉아 계십니다.

🌿 시편 102편 19절

여호와께서 저 높은 성소에서 굽어보시며, 하늘에서 이 땅을 살펴보셨습니다.

🌿 마태복음 10장 29~31절

참새 두 마리가 동전 한 개에 팔리지 않느냐? 그러나 너희 아버지가 아니고서는 한 마리도 땅에 떨어질 수 없다. 심지어 너희 머리카락의 수까지도 하나님은 아신다. 그러므로 두려워 마라. 너희는 참새 여러 마리보다 훨씬 더 귀하다.

질문 12 사람이 지음을 받았을 때 하나님은 그에게 어떠한 특별한 섭리를 행하셨나요?

하나님은 사람을 만드셨을 때 완전히 순종할 것을 조건으로 사람과 더불어 생명의 언약을 맺고 선악을 알게 하는 나무의 열매(실과)를 먹지 말도록 금하면서 만약 먹을 경우 죽음의 고통이 따를 것이라고 하셨습니다.

창세기 2장 16~17절

"여호와 하나님께서 그 사람에게 명령하셨습니다. '너는 동산에 있는 모든 나무의 열매를 마음대로 먹어라. 그러나 선악을 알게 하는 나무의 열매만은 먹지 마라. 만약 그 나무의 열매를 먹으면, 너는 반드시 죽을 것이다.'"

호세아 6장 7절

"그러나 아담이 언약을 어겼듯이 너희도 언약을 어겼고, 내게 진실하지 않았다."

질문 13

우리의 첫 조상은 창조된 그때의 신분을 그대로 유지했나요?

우리의 첫 조상은 자신의 의지와 자유를 누릴 수 있었으나 하나님께 죄를 범함으로써 창조함을 받은 상태에서 타락하였습니다.

> 창세기 3장 6절

"여자가 보니, 그 나무의 열매는 먹음 직스러웠으며, 보기에도 아름다웠습니다. 게다가 그 열매는 사람을 지혜롭게 해 줄 것처럼 보였습니다. 그래서 **여자는 그 열매를 따서 먹고**, 그 열매를 옆에 있는 자기 남편에게도 주었으며, **남자도 그것을 먹었습니다.**"

질문 14 **죄란 무엇인가요?**

답 죄는 하나님의 법을 순종함에 있어 조금이라도 부족하거나 그 법을 어기는 것입니다.

 질문 15 **우리의 조상이 처음 창조되었던 상태에서 타락한 원인이 되는 죄는 무엇이었나요?**

답 그 죄는 그들이 하나님께서 금하신 선악과 열매를 먹은 일입니다.

 요한일서 3장 4절

"죄를 짓는 자는 하나님의 법을 깨뜨리는 사람입니다. 죄를 짓는다는 것은 하나님의 법을 어기며 사는 것과 같습니다."

전도서 7장 29절

"내가 깨우친 한 가지는 하나님께서 사람을 정직하게 만드셨지만, 사람들이 많은 꾀를 찾았다는 것이다."

질문 16 아담의 첫 범죄로 모든 인류가 타락하였나요?

 아담으로 더불어 맺어진 언약은 그 자신만을 위한 것이 아니라 그의 후손까지 위한 것이기 때문에 그에게로부터 내려오는 온 인류는 그의 첫 범죄에 참여하여 함께 죄를 지은 것이며 그와 함께 타락하였습니다.

질문 17 그 타락은 인류를 어떠한 상태에 빠지게 하였나요?

답 그 타락이 인류를 죄의 비참한 상태에 빠지게 하였습니다.

📖 **고린도전서 15장 21~22절**

"죽음이 한 사람을 통해 온 것처럼 죽은 자들의 부활도 한 사람을 통해 옵니다. 아담 안에서 모든 사람이 죽은 것같이 그리스도 안에서 모든 사람이 생명을 얻게 될 것입니다."

로마서 5장 12절

"그러므로 한 사람을 통해 죄가 세상에 들어왔고 그 죄를 통해 사망이 들어온 것처럼, 모든 사람이 죄를 지었으므로 사망이 모든 사람에게 이르렀습니다."

> 질문 **18** 타락한 상태에서 사람의 죄성은 어떻게 구성되나요?

 타락한 상태에서 사람의 죄성은, 아담의 첫 범죄의 허물과 근본적으로 의가 없는 것과 그의 온 성품이 부패한 것인데, 이것을 일반적으로 원죄라고 하며, 이 원죄로부터 나오는 실제적인 모든 죄를 포함하여 구성된 것입니다.

하나님, 아담이 지은 원죄를 용서해 주세요.

달리야, 그렇게 기도하는 게 아니란다.

예수를 구주로 영접한 사람은 원죄로 인한 사망에서 생명으로 옮겼기 때문에…

이젠 자범죄만 고백해서 사함 받으면 되는 거란다.

자범죄란 뭔가요?

자범죄란 우리가 세상 속에 살면서 각자 자신들이 지은 죄를 말하는 거란다.

 로마서 3장 10절

"성경에 이렇게 기록되어 있습니다. '의인은 한 사람도 없다.'"

로마서 5장 19절

"한 사람의 불순종으로 많은 사람이 죄인이 되었듯이, 한 사람의 순종으로 많은 사람이 의인이 될 것입니다."

정직한 사람이 되게 해 주세요.

하나님,
오늘은 교회학교 공과공부 시간에
하나님께서 이 세상을 만드신 이야기를 배웠어요.
세상의 온갖 것들을 만드신 후 마지막 날 인간을 만드셨지요.
아름다운 동산에서 아담과 하와를 살게 하셨는데
아담과 하와가 하나님께서 먹지 말라고 말씀하신 선악과를 먹었대요.
그런데 하나님께 거짓말을 하고
서로 핑계만 대고 잘못을 미루었대요.
하나님,
저는 오늘 공부를 하면서, 절대 거짓말을 해서는 안 되겠다는 생각이 들었어요.
예수님의 말씀에 순종하지 않은 것도 잘못이지만
솔직하게 고백하지 않은 게 더 큰 잘못인 것 같아요.
하나님, 지금까지 저는 거짓말을 많이 했어요.
용서해 주세요.
앞으로는 정직한 사람이 되게 해 주세요.
예수님의 이름으로 기도합니다. 아멘.

| 성경에서 찾아보기 |

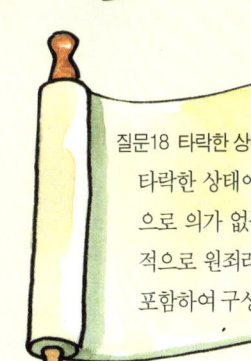

질문18 타락한 상태에서 사람의 죄성은 어떻게 구성되나요?
타락한 상태에서 사람의 죄성은, 아담의 첫 범죄의 허물과 근본적으로 의가 없는 것과 그의 온 성품이 부패한 것인데, 이것을 일반적으로 원죄라고 하며, 이 원죄로부터 나오는 실제적인 모든 죄를 포함하여 구성된 것입니다.롬 5:10, 5:12, 5:19, 엡 2:1~3, 약 1:14~15, 마 15:19.

로마서 5장 10절
우리가 하나님과 원수가 되었을 때도, 그리스도의 죽음을 통해 하나님과 화해하게 되었다면, 이렇게 하나님과 화목을 누리고 있는 사람들이 그분의 생명으로 말미암아 구원을 받게 될 것은 더욱 확실합니다.

로마서 5장 12절
그러므로 한 사람을 통해 죄가 세상에 들어왔고 그 죄를 통해 사망이 들어온 것처럼, 모든 사람이 죄를 지었으므로 사망이 모든 사람에게 이르렀습니다.

로마서 5장 19절
한 사람의 불순종으로 많은 사람이 죄인이 되었듯이, 한 사람의 순종으로 많은 사람이 의인이 될 것입니다.

에베소서 2장 1~3절
불순종과 죄로 인하여 여러분은 영적으로 죽은 사람들이었습니다. 세상 사람들과 똑같이 살며, 땅 위의 권세 잡은 악한 세력에 순종하였습니다. 이 악한 영은 지금도 하나님을 대항하는 자들의 마음 속에서 활동하고 있습니다. 우리 모두 저들과 똑같이 죄된 본성을 좇아 행하고, 육체와 마음이 원하는 대로 온갖 일을 저질렀습니다. 우리가 하나님의 분노를 사는 것은 당연한 결과입니다. 왜냐하면 그렇게 살아왔기 때문입니다.

야고보서 1장 14~15절
사람이 시험을 받는 것은 자신의 악한 욕심에 이끌려 유혹을 받기 때문입니다. 욕심은 죄를 낳고, 죄는 점점 자라 죽음을 가져옵니다.

마태복음 15장 19절
"마음에서는 악한 생각, 살인, 간음, 음행, 도둑질, 거짓말, 그리고 비방이 나온다."

질문 19 사람이 타락하여 어떻게 비참해졌나요?

 모든 인류는 그들의 타락으로 말미암아 하나님과의 교제가 끊어졌으며 그분의 진노와 저주 아래 있게 되어 일생을 온갖 슬픔 속에서 지내며, 죽은 후 지옥의 영원한 고통을 당하는 벌을 받게 되었습니다.

📖 에베소서 2장 3절

"우리 모두 저들과 똑같이 죄된 본성을 좇아 행하고, 육체와 마음이 원하는 대로 온갖 일을 저질렀습니다. 우리가 하나님의 분노를 사는 것은 당연한 결과입니다. 왜냐하면 그렇게 살아왔기 때문입니다."

로마서 6장 23절

"죄의 대가는 죽음이지만, 하나님의 선물은 우리 주 예수 그리스도 안에 있는 영생입니다."

질문 20

하나님께서 모든 사람을 죄의 비참한 상태에서 멸망하도록 내버려 두셨나요?

 하나님께서는 홀로 선하신 그분의 뜻대로 영원 전부터 택한 자들을 영생으로 이끄시고, 은혜의 언약을 세워 한 구속자로 말미암아 그들을 죄의 비참한 상태에서 건져내어 구원의 자리에 이르도록 하셨습니다.

에베소서 1장 4~5절

" 하나님께서는 이 세상이 창조되기 전, 그리스도의 사랑 안에서 우리를 흠 없는 거룩한 백성으로 선택하셨습니다. 또한 그 때부터 **예수 그리스도를 통해 우리를 자녀 삼으시기로 작정하셨습니다.** 하나님께서는 이 일을 바라시고 또 기뻐하셨습니다."

질문 21

하나님께서 선택하신 자들의 구속자는 누구인가요?

 하나님께서 선택하신 자들의 구속자는 주 예수 그리스도이십니다. 그는 영원하신 하나님의 아들로서 사람이 되셨습니다. 그는 영원토록 하나님이시면서 또한 사람입니다. 그는 두 가지 성품을 지니면서도 한 인격체인 분입니다.

디모데전서 2장 5절

"하나님은 오직 한 분이십니다. 하나님께 나아갈 수 있는 방법도 한 가지뿐으로 오직 예수 그리스도를 통해서만 가능합니다. 이것을 위하여 예수 그리스도께서는 사람의 몸으로 이 땅에 오셨습니다."

요한복음 14장 6절

"예수님께서 대답하셨습니다. '내가 바로 그 길이요, 진리요, 생명이다. 나를 통하지 않고는 아버지께로 올 사람이 없다.'"

질문 22 하나님의 아들이신 그리스도가 어떻게 사람이 되셨나요?

 하나님의 아들이신 그리스도가 육신과 영혼을 스스로 가짐으로써 사람이 되셨으며, 성령의 능력에 의하여 동정녀 마리아에게 잉태되어 그에게서 탄생하셨으나 죄는 없으십니다.

누가복음 1장 31절

"보아라! 네가 아이를 임신하게 되어 아들을 낳을 것이다. 너는 그 이름을 예수라고 하여라."

누가복음 1장 35절

"천사가 마리아에게 대답했습니다. '성령이 네게 내려오시고 가장 높으신 분의 능력이 너를 감싸 주실 것이다. 태어날 아이는 거룩한 분, 하나님의 아들이라고 불릴 것이다.'"

질문 23 그리스도가 우리의 구속자로서 하시는 직무가 무엇인가요?

 우리의 구속자이신 그리스도는 선지자와 제사장과 왕의 직분들을 수행하시되, 낮아지시고 높아지신 두 상태에서 수행하십니다.

"아빠, 예수님이 어떻게 선지자와 제사장과 왕의 직분을 행하셨는지 설명 좀 해 주세요."

"그러지."

"사람은 본래 참지식과 거룩과 의가 있게 지음을 받았단다."

"그런데 아담이 타락한 이후에는…"

"인간 모두가 무지하고 불의하고 불결하여 멸망을 받을 수밖에 없었지."

"그런데 예수님께서 우리를 구하기 위하여 이 세상에 오신 거야."

 사도행전 3장 22절
"모세가 전에 이런 말을 하였습니다. '너희 주 하나님께서 너희 형제들 중에서 나와 같은 예언자 한 사람을 세우실 것이다. 너희는 무엇이든 그분이 하시는 말씀에 귀를 기울여야 한다.'"

히브리서 5장 6절
"또 이렇게 말씀하셨습니다. '너는 멜기세덱의 계통을 따른 영원한 대제사장이다.'"

시편 2장 6절
"내가 나의 왕을 내 거룩한 산, 시온 산 위에 세웠다!"

| 이야기 한 토막 |

Story

어느 날이었어요.

예수님께서 사람들에게 하나님의 말씀을 전해 주셨는데, 모두 밥 먹는 것도 잊은 채 예수님을 향해 귀를 기울였지요. 사람들이 배가 고플까봐 걱정하시는 예수님께, 여러분과 같은 한 어린아이가 자기의 도시락을 가져다 드렸답니다. 솔직히 그 도시락은 좀 우스워보였어요. 오천 명의 사람들이 먹어야 하는데 고작 물고기 두 마리와 보리떡 다섯 덩어리밖에 없었으니까요.

아마도 그 아이는 도시락을 가까이 있는 사람들과 나누어 먹는 것보다 예수님께 가져가는 것이 낫겠다고 생각했을 거예요. 씨앗을 심으면 하나님께서 곡식을 거두게 하실 것이라는 마음의 소리를 들었을지도 모르죠. 용기를 낸 아이를 놀리는 어른들도 있지 않았을까요? 철이 안 들어서 저런다고, 혀를 쯧쯧 차면서 한심스럽게 생각하거나 눈을 흘기는 어른들이 분명 있었을 거예요.

하지만 아이가 본 것은 사람들이 아니었어요. 아이는 오직 예수님만 바라보았죠. 그리고 예수님은 하찮아 보였던 도시락으로 오천 명을 배불리 먹여 주셨습니다. 투덜댔던 사람들도, 아이를 우습게 여겼던 사람들도, 모두 그 도시락으로 배부르게 먹었답니다.

여러분도 그 아이처럼, 오직 예수님만 바라보며 나아가세요. 예수님은 놀라운 일을 여러분에게 보여주실 거예요.

—『예수, 그때에』(가치창조) 88~91쪽 참고

| 성경에서 찾아보기 |

질문22 하나님의 아들이신 그리스도가 어떻게 사람이 되셨나요?

하나님의 아들이신 그리스도가 육신과 영혼을 스스로 가짐으로써 사람이 되셨으며히 2:14,16, 10:5, 마 26:38, 성령의 능력에 의하여 동정녀 마리아에게 잉태되어 그에게서 탄생하셨으나눅 1:27, 31, 35, 42, 갈 4:4 죄는 없으십니다히 4:15, 7:26.

히브리서 2장 14절
이 자녀들은 모두 살과 피를 가진 사람이기 때문에, 예수님도 그들과 같은 모습으로 사람들이 겪는 것과 똑같은 것을 겪으셨습니다. 예수님께서는 죽음의 권세를 가진 마귀를 멸망시키기 위하여 죽으셨고

히브리서 2장 16절
예수님이 돕고자 했던 자들은 분명히 천사들이 아니라, 아브라함의 후손인 사람들입니다.

히브리서 10장 5절
그래서 그리스도께서 세상에 오셨을 때, 이렇게 말씀하셨습니다. "하나님께서는 제사와 예물을 원하지 않으시고, 나를 위해 한 몸을 예비하셨습니다."

마태복음 26장 38절
예수님께서는 세 제자에게 말씀하셨습니다. "내 마음이 괴로워 죽을 지경이다. 여기서 머무르며 나와 함께 깨어 있어라."

누가복음 1장 27절
가브리엘은 다윗 가문의 요셉이라고 하는 사람과 약혼한 처녀에게 가게 되었습니다. 이 처녀의 이름은 마리아였습니다.

누가복음 1장 31절
보아라! 네가 아이를 임신하게 되어 아들을 낳을 것이다. 너는 그 이름을 예수라고 하여라.

누가복음 1장 35절
천사가 마리아에게 대답했습니다. "성령이 네게 내려오시고 가장 높으신 분의 능력이 너를 감싸주실 것이다. 태어날 아이는 거룩한 분, 하나님의 아들이라고 불릴 것이다."

누가복음 1장 42절
큰소리로 외쳤습니다. "당신은 여인들 중에서 가장 복 받은 자입니다. 당신의 뱃속에 있는 열매가 복됩니다."

갈라디아서 4장 4절
그러나 정한 때가 이르자, 하나님께서 자기 아들을 보내셨습니다. 그 아들은 여자에게서 났고, 율법 아래서 살았습니다.

히브리서 4장 15절
우리의 대제사장은 우리의 연약한 부분을 알고 계십니다. 이 땅에 계실 때, 그분은 우리와 마찬가지로 시험을 받으셨습니다. 그러나 결코 죄를 짓지는 않으셨습니다.

히브리서 7장 26절
예수님이야말로 우리에게 진정으로 필요한 대제사장이십니다. 예수님께서는 거룩하고 죄가 없으시며, 흠이 없고 죄인들과 구별되는, 하늘보다 높은 곳에 계신 분입니다.

> 질문 24

그리스도가 예언자의 직무를 어떻게 실행하시나요?

 그리스도는 우리를 구원하시기 위한 하나님의 뜻을 그의 말씀과 영으로 말미암아 우리에게 나타내심으로써 예언자의 직무를 실행합니다.

디모데후서 3장 15절

"그대는 어려서부터 성경을 알았는데, 이 성경은 그대를 지혜롭게 하여 그리스도 예수를 믿는 믿음을 통해 구원을 얻게 하였습니다."

요한복음 1장 18절

"지금까지 하나님을 본 사람은 아무도 없었습니다. 그러나 하나님이시며, 아버지 곁에 계시던 독생자이신 분이 우리에게 하나님이 어떤 분이신지를 알려주셨습니다."

질문 25 그리스도가 제사장의 직무를 어떻게 실행하시나요?

 그리스도는 하나님의 공의를 만족시키시고, 우리를 하나님과 더불어 화목하게 하기 위하여 단번에 자신을 희생의 제물로 바치신 일과 우리를 위하여 항상 간구하심으로써 제사장의 직무를 실행하십니다.

 히브리서 2장 17절

"예수님께서는 하나님을 섬기는 자비롭고 신실한 대제사장이 되셔서 그들의 죄가 용서받을 수 있게 해 주셨습니다."

히브리서 7장 25절

"그러므로 예수님은 자기를 통해 하나님께 나아오는 자들을 완전히 구원하실 수 있습니다. 예수님은 항상 살아계셔서, 하나님께 나아오는 자들을 돕고 계시기 때문입니다."

질문 26 그리스도가 왕의 직무를 어떻게 실행하시나요?

 그리스도는 우리를 자기에게 복종하게 하시고, 우리를 다스리시며 지켜 주시고, 그와 우리의 모든 원수들을 물리치시고 정복하심으로써 왕의 직무를 실행하십니다.

이사야 33장 22절

"왜냐하면 여호와께서는 우리의 재판관이시자, 입법자이시며, 우리의 왕이시기 때문이다. 그분이 우리를 돌보며 구원해주실 것이다."

고린도전서 15장 25절

"그리스도께서 모든 원수를 자기의 발 아래 두실 때까지 당연히 왕노릇해야 합니다."

질문 27 그리스도는 어떻게 낮아지셨나요?

 그리스도는 비천한 상태로 태어나시고, 율법 아래 복종하시며, 이 세상에서의 참담함과, 하나님의 진노와, 십자가 위에서 저주의 죽음을 당하신 일과, 장사 지낸 바 되어 얼마동안 사망의 권세 아래 남아 거하심으로써 낮아지셨습니다.

이사야 53장 3절

"그는 사람들에게 미움과 멸시를 받았으며, 아픔과 고통을 많이 겪었다. 사람들은 그를 바라보려 하지도 않았다. 그는 미움을 받았고, 우리 가운데 아무도 그를 귀하게 여기지 않았다."

빌립보서 2장 8절

"이 땅에 계신 동안 스스로 낮은 자가 되시며, 하나님께 순종하셨습니다. 예수님은 목숨을 버려 십자가에 달려 돌아가시기까지 하나님의 말씀을 따랐습니다."

질문 28 그리스도는 어떻게 높아지셨나요?

 그리스도는 사흘 만에 죽음에서 다시 살아나신 것과, 하늘로 올라가신 것과, 하나님 아버지의 우편에 앉아 계시는 것과, 마지막 날에 세상을 심판하러 오심으로 높아지십니다.

📖 사도행전 1장 11절

"두 사람은 그들을 향해 '갈릴리 사람들이여, 왜 여기 서서 하늘을 쳐다보십니까? 여러분을 떠나 하늘로 올라가신 이 예수님께서는 여러분이 본 그대로 다시 오실 것입니다.' 라고 말했습니다."

사도행전 17장 31절

"하나님께서는 자기가 정하신 한 사람을 시켜 온 세상을 의롭게 심판하실 날을 정하셨습니다. 하나님께서는 그를 죽은 자들 가운데서 살리심으로 모든 이에게 그 증거를 보이셨습니다."

| 내가 꾸미는 한 컷 |

"모든 성경 말씀은
하나님께서 감동을 주셔서 기록되었기 때문에
진리를 가르쳐 주며, 삶 가운데 무엇이
잘못되었는지 알게 해 줍니다."

디모데후서 3장 16절

| 성경에서 찾아보기 |

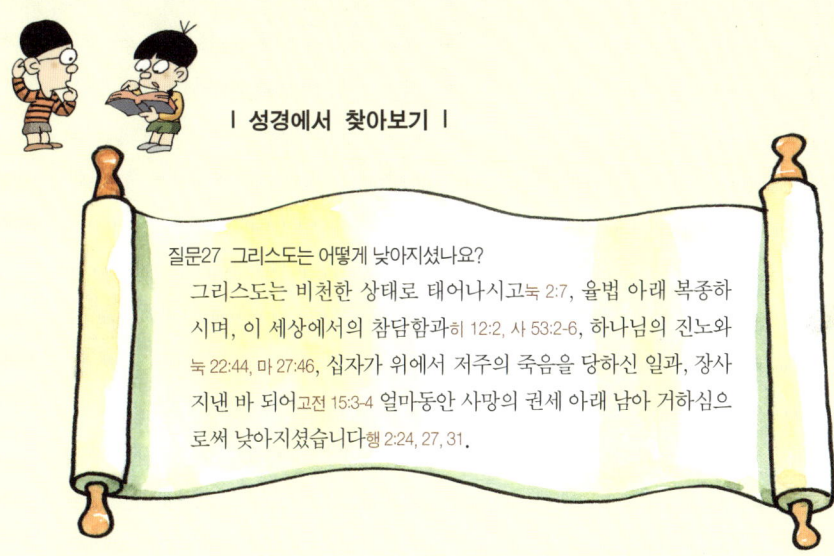

질문27 그리스도는 어떻게 낮아지셨나요?

그리스도는 비천한 상태로 태어나시고눅 2:7, 율법 아래 복종하시며, 이 세상에서의 참담함과히 12:2, 사 53:2-6, 하나님의 진노와눅 22:44, 마 27:46, 십자가 위에서 저주의 죽음을 당하신 일과, 장사 지낸 바 되어고전 15:3-4 얼마동안 사망의 권세 아래 남아 거하심으로써 낮아지셨습니다행 2:24, 27, 31.

누가복음 2장 7절
마리아는 마구간에서 첫아들을 낳아 포대기에 싸서 구유에 눕혀 두었습니다. 그것은 여관에 이들이 들어갈 빈방이 없었기 때문입니다.

히브리서 12장 2절
우리 믿음의 시작이며, 또 믿음을 완전하게 하시는 주님만을 바라봅시다. 예수님께서는 십자가에서 돌아가실 때, 아무것도 아닌 것처럼 모든 부끄러움을 참아내셨습니다. 예수님께서는 하나님께서 예비해두신 기쁨을 기대하셨기 때문에 그렇게 하실 수 있었던 것입니다. 이제 그 분은 하나님 보좌의 오른편에 앉아계십니다.

이사야서 53장 2~6절
그는 여호와 앞에서 부드러운 새싹처럼, 메마른 땅에서 자라는 나무 줄기처럼 자랐다. 그에게는 아름다움도 없었고, 우리의 눈길을 끌 만한 위엄도 없었다.
그는 사람들에게 미움과 멸시를 받았으며, 아픔과 고통을 많이 겪었다. 사람들은 그를 바라보려 하지도 않았다. 그는 미움을 받았고, 우리 가운데 아무도 그를 귀하게 여기지 않았다. 정말로 그는 우리의 질병을 짊어지고, 우리의 아픔을 대신 겪었다. 그러나 우리는 그가 하나님께 벌을 받아서 고통을 당한다고 생각했다.
그러나 그가 상처 입은 것은 우리의 허물 때문이고, 그가 짓밟힌 것은 우리의 죄 때문이다. 그가 맞음으로 우리가 평화를 얻었고, 그가 상처를 입음으로 우리가 고침을 받았다. 우리는 모두 양처럼 흩어져 제 갈 길로 갔으나, 여호와께서 우리의 모든 죄 짐을 그에게 지게 하셨다.

누가복음 22장 44절
예수님께서 고통스러워 하시며 더 간절히 기도하셨습니다. 땀이 마치 핏방울처럼 땅에 떨어졌습니다.

마태복음 27장 46절
오후 3시쯤에 예수님께서 "엘리, 엘리, 라마 사박다니" 하고 큰 소리로 외치셨습니다. 이 말은 '나의 하나님, 나의 하나님, 어찌하여 나를 버리셨습니까?' 라는 뜻입니다.

고린도전서 15장 3~4절
내게 받은 가장 중요한 것을 여러분에게 전해주었습니다. 그리스도께서 성경에 기록된 대로 우리 죄를 위해 죽으신 것과 장사 지낸 바 되었다가 성경에 기록된 대로 삼일 만에 다시 살아나셨다는 것과

사도행전 2장 24절
하나님께서는 예수님을 다시 살리셨습니다. 죽음의 고통에서 그분을 풀어 놓으셨습니다. 그것은 죽음이 예수님을 계속 붙잡아 둘 수 없었기 때문입니다.

사도행전 2장 27절
주님께서는 나를 무덤에 내버려두지 않으시며, 주님의 거룩한 분을 썩지 않게 하실 것입니다.

사도행전 2장 31절
다윗은 이 내용을 미리 알고서 그리스도의 부활에 대해 이렇게 말했습니다. '그분은 무덤에 계속 머물러 있지 않았고, 그분의 몸은 썩지 않았다.'

질문 29 우리가 어떻게 그리스도가 값주고 사신 그 구속에 참여자가 되나요?

답 성령이 우리를 이끌어 주심으로 인해 그리스도가 값주고 사신 그 구속에 참여자가 되는 것입니다.

요한복음 1장 12절

"그러나 누구든지 그분을 영접하는 사람들, 그분의 이름을 믿는 사람들에게는 하나님의 자녀가 되는 자격을 주셨습니다."

디도서 3장 5절

"우리는 우리의 올바른 행동을 통해서가 아니라 하나님의 은혜로 구원을 받았습니다. 그분은 우리를 깨끗하게 씻어 새로운 사람이 되게 하시고 성령으로 새롭게 하셨습니다."

 질문 30

성령은 그리스도의 값주고 사신 구속을 우리에게 어떻게 적용하시나요?

답 성령은 우리 안에서 그가 역사하시는 믿음으로 그리스도에 의하여 성취된 구속을 우리에게 적용시키며, 또 효력있는 부르심으로 우리를 그리스도와 하나되게 하십니다.

📖 요한복음 6장 63절

"생명을 주시는 분은 성령이시다. 그러므로 사람의 힘은 전혀 쓸모가 없다. 내가 너희에게 한 말은 성령의 말씀이고 생명의 말씀이다."

에베소서 2장 8절

"여러분은 하나님의 은혜 안에서 믿음으로 구원을 받았습니다. 여러분 스스로는 자신을 구원할 수 없습니다. 구원은 하나님의 선물입니다."

질문 31 효력있는 부르심이란 무엇인가요?

 효력있는 부르심은 하나님의 영이 하시는 일로, 우리의 죄를 깨닫게 하시고, 또 우리의 마음을 밝혀 그리스도를 알게 하시고, 우리의 의지를 새롭게 하시고, 우리를 권하사 능히 복음 중에 값없이 주시는 예수 그리스도를 믿도록 하시는 것입니다.

 디모데후서 1장 9절

"하나님께서는 우리를 구원해 주시고 그분의 거룩한 백성으로 삼으셨습니다. 이것은 우리가 무언가 큰 일을 해서가 아니라, 그분이 원하셔서 그분의 은혜로 된 것입니다. 그 은혜는 세상이 시작되기 전에 예수 그리스도를 통해 우리에게 이미 주어졌습니다."

질문 32 효력있는 부르심을 받은 자들은 이 세상에서 무슨 유익이 있나요?

 효력있는 부르심을 받은 자들은 이 세상에서 의롭다 함을 얻고, 하나님의 양자가 되며, 거룩하게 함을 받게 됩니다. 또한 이것과 더불어 여러 유익이나 또는 여기서 나오는 유익들을 얻게 됩니다.

로마서 8장 30절

"하나님께서는 미리 정하신 사람들을 부르셨고, 부르신 사람들을 의롭다고 하셨고, 의롭다고 하신 사람들을 영화롭게 하셨습니다."

에베소서 1장 5절

"또한 그 때부터 예수 그리스도를 통해 우리를 자녀 삼으시기로 작정하셨습니다. 하나님께서는 이 일을 바라시고 또 기뻐하셨습니다."

질문 33 의롭다 함이란 무엇인가요?

 의롭다 함은 하나님이 값없이 주시는 은혜로서, 하나님이 우리의 모든 죄를 용서하시고, 그가 보시기에 의로운 자로 우리를 받아주시는 것입니다. 그것은 오직 그리스도의 의를 우리에게 돌려주시는 것이며 우리는 오직 믿음으로 그 의를 받을 수 있습니다.

📖 에베소서 1장 7절

" 그리스도 안에서 우리는 그의 보혈로 자유함을 얻었습니다. 또한 하나님의 풍성한 은혜로 죄사함도 받았습니다."

고린도후서 5장 21절

" 하나님께서 죄를 알지도 못하신 그리스도를 우리를 위해 죄가 있게 하신 것은 그리스도 안에서 우리로 하여금 하나님의 의가 되게 하기 위해서였습니다."

이 사람은 누구일까요?

★ 마굿간에서 태어났어요.
★ 아버지의 직업은 목수였습니다.
★ 30세가 될 때까지 아버지를 도와 목수 일을 하였습니다.
★ 광야에서 40일을 금식한 후 마귀의 시험을 받기도 하였습니다.
★ 아픈 사람들을 많이 고쳐 주었고, 슬픈 사람들을 위로해 주었습니다.
★ 제자들 중 한 명의 배신으로 유대병사들에게 끌려갔습니다.
★ 모진 고문 끝에 십자가에 달려 죽었습니다.
★ 사흘 만에 다시 살아나 제자들에게 나타났습니다.
★ 하늘 위로 올라가면서 언젠가 다시 오겠다고 약속하였습니다.
★ 지금 여러분의 마음에도 살아 있습니다.

이 사람은 누구일까요?

정답 예수님

| 성경에서 찾아보기 |

질문33 의롭다 함이란 무엇인가요?
의롭다 함은 하나님이 값없이 주시는 은혜로서, 하나님이 우리의 모든 죄를 용서하시고롬 3:24-25, 4:6, 그가 보시기에 의로운 자로 우리를 받아주시는 것입니다고후 5:19. 그것은 오직 그리스도의 의를 우리에게 돌려주시는 것이며롬 5:17-19 우리는 오직 믿음으로 그 의를 받을 수 있습니다갈 2:16, 빌 3:9.

로마서 3장 24~25절
그런 사람이 그리스도 예수께서 주시는 속죄를 통해, 하나님의 은혜로 의롭다는 판단을 받습니다. 그것은 하나님께서 거저 주시는 선물입니다. 하나님께서 예수님을 화목 제물로 내어 주셨으며, 누구든지 예수의 피를 믿음으로 죄를 용서 받게 됩니다. 하나님은 이전에 살았던 사람들이 지은 죄에 대해 오래 참으심으로 심판하지 않으셨습니다. 이렇게 하여 하나님께서는 그분의 의로우심을 보이셨습니다.

로마서 4장 6절
다윗은 행한 것과는 관계없이, 하나님께서 의롭다고 인정하시는 사람이 받은 복에 대해 다음과 같이 말했습니다.

고린도후서 5장 19절
하나님께서는 그리스도 안에서 이 세상을 하나님 자신과 화목하게 하셨으며, 사람들의 죄를 묻지 않으셨습니다. 그리고 하나님께서는 우리에게 화목케 하는 말씀을 맡기셨습니다.

로마서 5장 17~19절
한 사람의 죄로 말미암아 사망이 왕 노릇 하였다면, 하나님의 넘치는 은혜와 의롭다고 여기시는 선물을 받는 사람들은, 한 분 예수 그리스도를 통해 참 생명 안에서 더더욱 왕 노릇하게 될 것입니다.

갈라디아서 2장 16절
하지만 우리는 율법을 따른다고 해서 의롭다 함을 받는 것이 아니라, 예수 그리스도를 믿음으로 의롭다 함을 얻는 것을 압니다. 그래서 우리는 의롭다 함을 얻으려고 그리스도 예수를 믿었습니다. 우리가 의롭다 함을 얻은 것은 그리스도를 믿었기 때문이지, 율법을 지켰기 때문이 아닙니다. 율법으로는 어느 누구도 의롭다 함을 얻을 수 없습니다.

빌립보서 3장 9절
또한 그리스도 안에 하나가 되는 기쁨을 얻었습니다. 내가 율법을 지켜서 하나님께 구원을 얻은 것이 아닙니다. 하나님은 내 믿음을 보시고, 나를 의롭다 하시며 자녀 삼아 주신 것입니다.

질문 34 양자로 삼는다는 것이 무엇인가요?

 양자로 삼는다는 것은 하나님이 값없이 주시는 은혜로서, 이로 인해 우리가 하나님의 자녀로 인정되며 그 모든 특권으로 인한 권리를 누리게 되는 것입니다.

요한복음 1장 12절

"그러나 누구든지 그분을 영접하는 사람들, 그분의 이름을 믿는 사람들에게는 하나님의 자녀가 되는 자격을 주셨습니다."

로마서 8장 17절

"자녀라면 또한 상속자이기도 합니다. 우리는 하나님의 상속자이며 또한 그리스도와 공동의 상속자입니다. 그래서 우리는 그리스도께서 누리시는 영광에 참여하기 위해 그분이 겪으신 고난에도 참여하는 것입니다."

질문 35 거룩하게 하시는 것이 무엇인가요?

 거룩하게 하시는 것은 하나님이 값없이 주시는 은혜로서, 우리가 하나님의 형상을 닮아 인격이 새롭게 회복되는 것이며, 점차 죄에 대해서는 죽고 의에 대해서는 살게 되는 것입니다.

로마서 6장 4절

"그러므로 우리가 죽음에 이르는 세례를 받음으로 그리스도와 함께 묻힌 것은, 그리스도께서 아버지의 영광으로 죽은 자들 가운데서 살아나신 것처럼, 우리도 새 생명 가운데서 살기 위함입니다."

데살로니가후서 2장 13절

"사랑하는 형제 여러분, 주님은 여러분을 사랑하십니다. 하나님께서는 이 세상 맨 처음부터 여러분이 구원 받도록 선택해 놓으셨습니다. 그러므로 우리는 하나님께 늘 감사드려야 할 것입니다."

질문 36

이 세상에서 의롭다 함과 양자 삼으심과 거룩하게 하심으로 인하여 함께 받게 되거나 또는 여기서 나오는 유익들은 무엇인가요?

이 세상에서 의롭다 함과 양자 삼으심과 거룩하게 하심으로 인하여 함께 받거나 여기서 나오는 유익들은, 하나님의 사랑을 확실히 아는 것과 마음이 평안한 것과 성령 안에서 얻는 기쁨과 풍성한 은혜와 끝까지 굳게 참는 인내입니다.

📖 로마서 5장 1~2절

"우리가 믿음으로 의롭다 함을 받았으므로, 우리는 우리 주 예수 그리스도로 말미암아 하나님과 함께하는 평강을 누리고 있습니다. 예수 그리스도에 의해서, 또 믿음으로 우리는 지금 우리가 서 있는 이 은혜의 자리에 들어와 있습니다. 그리고 하나님의 영광을 소망하며 즐거워합니다."

잠언 4장 18절

"의인의 길은 동틀 때의 첫 햇살 같아서, 점점 환해져 정오의 해같이 될 것이다."

질문 37

신자가 죽을 때 그리스도로부터 어떤 혜택을 받나요?

 신자의 영혼은 그들이 죽을 때에 완전히 거룩하게 되어 즉시 영광 중에 들어가고, 그들의 육신은 여전히 그리스도께 연합하여 부활 때까지 그들의 무덤에서 쉬게 되는 혜택을 받습니다.

📖 데살로니가전서 4장 14절

" 우리는 주님께서 죽으셨다가 다시 살아나신 것을 믿고 있습니다. 그러므로 하나님께서는 예수님을 믿다가 죽은 자들도 예수님과 함께 분명히 살리실 것입니다."

질문 38 신자가 부활할 때 그리스도로부터 어떤 혜택을 받나요?

 부활할 때에 신자들은 영광 중에 들림을 받고, 심판날에 공개적으로 인정을 받으며, 무죄선고를 받고 영원토록 하나님의 충만하신 즐거움 안에서 완전한 축복을 누리게 됩니다.

 요한복음 5장 29절
"선한 일을 한 사람들은 생명을 얻기 위해 부활할 것이며, 악한 일을 한 사람들은 심판을 받기 위해 부활할 것이다."

고린도전서 13장 12절
"지금은 우리가 거울을 통해 보는 것같이 희미하게 보지만, 그 때에는 얼굴과 얼굴을 마주 보듯이 보게 될 것입니다. 지금은 우리가 부분적으로 알지만 그 때에는 하나님께서 나를 아신 것처럼 완전하게 알게 될 것입니다."

누구든지 그분을 영접하는 사람들
그분의 이름을 믿는 사람들에게는
하나님의 자녀가 되는 자격을 주셨습니다.

요한복음 1장 12절

| 성경에서 찾아보기 |

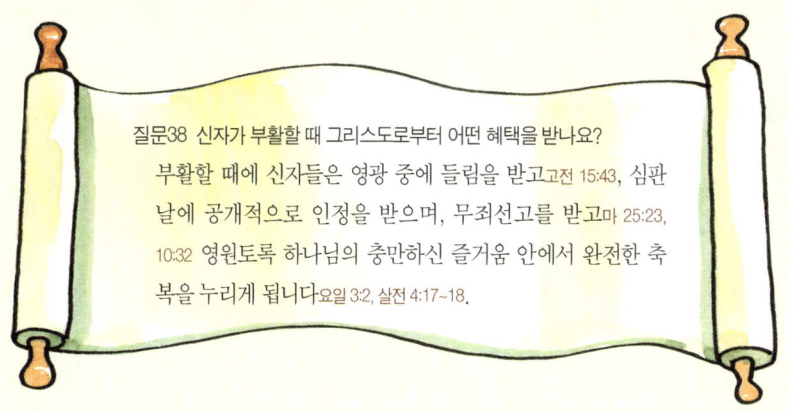

질문38 신자가 부활할 때 그리스도로부터 어떤 혜택을 받나요?
부활할 때에 신자들은 영광 중에 들림을 받고고전 15:43, 심판 날에 공개적으로 인정을 받으며, 무죄선고를 받고마 25:23, 10:32 영원토록 하나님의 충만하신 즐거움 안에서 완전한 축복을 누리게 됩니다요일 3:2, 살전 4:17~18.

고린도전서 15장 43절
비천한 몸을 심지만, 영광스런 몸으로 다시 살아납니다. 또한 약한 몸을 심지만, 능력 있는 몸으로 다시 살아납니다.

마태복음 25장 23절
"주인이 그에게 대답했다. '참 잘했구나. 너는 착하고 신실한 종이다. 네가 적은 것에 최선을 다했으니, 내가 훨씬 더 많은 것을 너에게 맡기겠다. 주인과 함께 기쁨을 누려라.'"

마태복음 10장 32절
"누구든지 사람들 앞에서 나를 인정하는 사람은, 나도 하늘에 계신 나의 아버지 앞에서 그를 인정할 것이다."

요한일서 3장 2절
사랑하는 친구들이여, 우리는 분명한 하나님의 자녀입니다. 우리가 아직은 미래에 어떤 모습으로 있게 될지 알 수 없지만, 그리스도께서 다시 오실 그 때에는 우리의 모습이 그와 같을 줄을 알고 있습니다. 우리는 그분의 참 모습을 보게 될 것입니다.

데살로니가전서 4장 17~18절
그 후에 살아 있던 자들도 그들과 함께 구름 속으로 끌어올려져 하늘에서 주님을 만나게 될 것입니다. 그러므로 여러분은 이런 말로 서로 위로하십시오.

질문 39 하나님께서 사람에게 요구하시는 의무가 무엇인가요?

 하나님께서 사람에게 요구하시는 의무는, 그 뜻에 복종하는 것입니다.

미가 6장 8절

"사람아, 그분이 네게 말씀하셨다. 무엇이 선하며, 여호와께서 너희에게 요구하시는 것이 무엇이냐? 그것은 의를 행하고 인자를 사랑하며 너희 하나님과 함께 겸손히 행하는 것이 아니냐?"

사무엘상 15장 22절

"그러나 사무엘이 말했습니다. '여호와를 더 기쁘시게 할 것이 무엇이겠소? 태워드리는 제물인 번제물과 그 밖의 제사요? 아니면 순종이요? 하나님께 순종하는 것이 제사보다 낫소. 하나님의 말씀을 듣는 것이 숫양의 기름을 바치는 것보다 낫소.'"

질문 40
하나님께서 복종의 규칙으로 사람에게 처음 나타내 보이신 것은 무엇인가요?

답 : 하나님께서 복종의 규칙으로 사람에게 처음 나타내 보이신 것은 도덕법입니다.

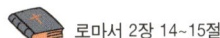 로마서 2장 14~15절

"이런 까닭에 율법을 가지고 있지 않은 이방인들이 본성에 따라서 율법이 요구하는 대로 행하였다면, 그 사람은 율법을 가지고 있지 않지만 자신이 자기에게 율법이 되는 것입니다. 이런 사람들은 율법이 요구하는 것이 그들 마음속에 새겨져 있는 것을 보여주며, 그들의 양심이 그것을 증언하고, 그들의 생각이 그들의 잘못을 고소하기도 하며, 그들 자신을 변명하기도 합니다."

질문 41 도덕법은 어디에 요약되어 있나요?

 도덕법은 십계명에 요약되어 있습니다.

신명기 4장 13절

"여호와께서는 여호와의 언약에 관해 말씀하셨소. 그것은 십계명이었소. 여호와께서는 십계명에 복종하라고 말씀하시고 친히 돌판 두 개 위에 십계명을 써 주셨소."

갈라디아서 3장 24절

"그리스도께서 오시기 전까지는 율법이 우리의 선생이었습니다. 그러나 그리스도께서 오신 뒤에는 우리가 믿음으로 인해 의롭다 함을 받을 수 있게 되었습니다."

| 이야기 한 토막 |

Story

미국의 애니메이션 제작진 '드림웍스'에서 〈이집트 왕자〉라는 야심작을 세상에 선보였습니다. 성경의 출애굽기를 멋진 애니메이션으로 연출한 것이었지요.

기원전 1527년, 이집트의 히브리 마을에서 한 남자아이가 태어났습니다. 당시 이집트의 파라오는 히브리인의 모든 사내아기를 죽이라는 명령을 내렸답니다. 하지만 아기를 죽일 수 없었던 어머니는 강가에 아이를 띄워보냈고, 다행히 이집트의 공주에게 발견되어 궁진 생활을 시작합니다. 아이는 '물에서 건져냈다'는 뜻의 '모세'라는 이름으로 불렸습니다. 그로부터 몇 십 년 후 이집트인 감독관이 히브리 노인을 괴롭히는 것을 보고 모세는 분노를 이기지 못하고 감독관을 죽여 버립니다. 그리고 도망자 신세가 되어버리지요.

이집트 왕궁에서의 호화로운 생활은 잊어버리고 평범한 양치기로 살아가던 모세는, 불타는 떨기나무를 발견하고 놀랍게도 하나님으로부터 부름을 받습니다. 능력이 없다며 한사코 마다하는 모세에게 하나님은 히브리 백성들을 이집트로부터 구출하라는 명령을 내립니다. 그리고 열 가지나 되는 재앙 끝에 파라오는 결국 아들을 잃고 히브리 백성들을 풀어줍니다. 그런데 파라오는 기쁨의 노래를 부르며 이집트를 떠나는 히브리 백성들을 도저히 그냥 두고 볼 수가 없어 군대를 풀어 다시 잡아들이려고 하였습니다. 하나님은 불기둥으로 이집트의 군대를 가로막고, 홍해를 가르는 기적으로 히브리 백성들을 구해 주십니다. 하지만 하나님께 감사하기는커녕 히브리인들은 이집트에서 배운 우상 숭배에 빠져 들며 하나님을 원망합니다. 그래서 하나님은 모세에게 사람들이 꼭 지켜야만 하는 열 가지 계명을 내려주시는데, 그것이 바로 '십계명'이었습니다.

| 성경에서 찾아보기 |

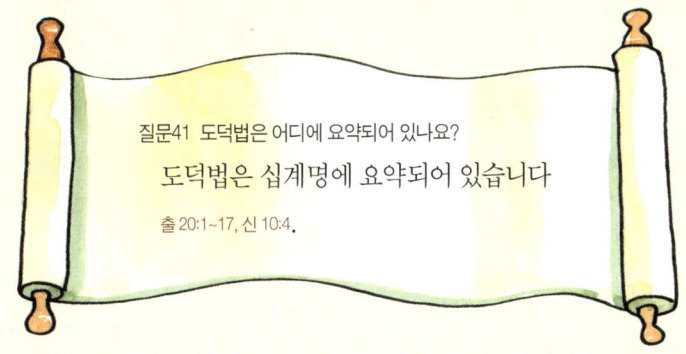

질문41 도덕법은 어디에 요약되어 있나요?
도덕법은 십계명에 요약되어 있습니다
출 20:1~17, 신 10:4.

🌱 **십계명 - 출애굽기 20:1~17**
나는 너희가 종살이하던 이집트 땅에서 너희를 인도해 낸 너희의 여호와 하나님이다.
제일은, 너희는 나 외에는 다른 신들을 두지 마라.
제이는, 너희는 우상을 만들지 마라. 위로 하늘에 있는 것이나, 아래로 땅에 있는 것이나, 땅 아래로 물 속에 있는 것의 그 어떠한 모양도 만들지 마라. 어떤 우상에게도 예배하거나 섬기지 마라. 나 여호와 너희 하나님은 질투하는 하나님이다.
나에게 죄를 짓고 나를 미워하는 사람에게는 그의 삼대, 사대 자손에게까지 벌을 내릴 것이다. 하지만 나를 사랑하고 나의 명령에 따르는 사람에게는 수천 대 자손에 걸쳐 한결같은 사랑을 베풀 것이다.
제삼은, 나 여호와 너의 하나님의 이름을 함부로 부르지 마라. 나 여호와는 나의 이름을 함부로 부르는 사람을 죄 없다고 하지 않을 것이다.
제사는, 안식일을 기억하여 거룩한 날로 지켜라. 육 일 동안에는 힘써 모든 일을 하여라. 하지만 칠 일째 날은 나 여호와 하나님의 안식일이다. 그 날에는 너희나 너희 아들이나 딸이나, 너희 남종이나 여종이나, 너희 짐승이나 너희 집 문 안에 머무르는 나그네도 일을 하지 마라. 왜냐하면 나 여호와가 육 일 동안 하늘과 땅과 바다와 그 안에 있는 모든 것을 만들고 칠 일째 날에는 쉬었기 때문이다. 그러므로 나 여호와는 안식일에 복을 주고, 그 날을 거룩하게 하였느니라.
제오는, 너희 아버지와 어머니를 잘 섬겨라. 그러면 나 여호와 하나님이 너희에게 준 이 땅에서 너희를 오래 살게 할 것이다.
제육은, 사람을 죽이지 마라.
제칠은, 간음하지 마라.
제팔은, 도둑질하지 마라.
제구는, 이웃에 대하여 거짓 증언을 하지 마라.
제십은, 이웃집을 탐내지 마라. 이웃의 아내나, 남종이나 여종이나, 소나 나귀나, 그 밖에 이웃의 어떠한 것도 탐내지 마라.

🌱 **신명기 10:4**
그러자 여호와께서 전에 쓰셨던 것과 똑같은 말씀, 곧 십계명을 그 돌판 위에 새겨주셨소. 그 말씀은 여러분이 모인 날에 여호와께서 여러분에게 불길 가운데서 말씀하신 것이오. 여호와께서는 그 돌판을 다 쓰신 후에 나에게 주셨소.

> 질문 42

십계명의 최고 원칙은 무엇인가요?

 십계명의 최고 원칙은 "네 모든 마음과 모든 목숨과 모든 정성을 다해서, 네 하나님을 사랑하여라" 그리고 "네 이웃을 네 자신처럼 사랑하여라" 하신 것입니다.

혼자 먼저 간 사람은 추위로 인해 도중에서 얼어 죽었습니다

📖 마태복음 22장 37~40절

"예수님께서 그에게 대답하셨습니다. "'네 모든 마음과 모든 목숨과 모든 정성을 다해서, 네 하나님을 사랑하여라.' 이것이 가장 중요하고, 우선되는 계명이다. 두 번째 계명은 '네 이웃을 네 자신처럼 사랑하여라' 인데 이것도 첫째 계명과 똑같이 중요하다. 모든 율법과 예언자들의 말씀이 이 두 계명에서 나온 것이다.""

질문 43 십계명의 머리말은 무엇인가요?

 십계명의 머리말은 "나는 너희가 종살이하던 이집트 땅에서 너희를 인도해낸 너희의 여호와 하나님이다" 입니다.

출애굽기 20장 2절

"나는 너희가 종살이하던 이집트 땅에서 너희를 인도해낸 너희의 여호와 하나님이다."

고린도전서 5장 7절

"여러분은 새 반죽이 되기 위해 묵은 누룩을 없애 버리셔야 합니다. 유월절 어린양이신 그리스도께서 죽으셨으므로, 사실 여러분은 누룩이 들어있지 않은 새 반죽이 되었습니다."

질문 44

십계명의 머리말이 우리에게 가르쳐 주는 것이 무엇인가요?

 십계명의 머리말이 우리에게 가르쳐 주는 것은 하나님은 주님이시요 우리의 하나님이시며 구속자이시므로 우리는 마땅히 그의 모든 계명을 지켜야 한다는 것입니다.

여호수아 24장 18절

"또 여호와께서는 우리가 이 땅에 사는 사람들을 물리쳐 이기도록 도와주셨습니다. 여호와께서는 우리가 이 곳에 살던 아모리 사람들을 물리쳐 이기도록 해 주셨습니다. 그러므로 우리도 여호와만 섬기겠습니다. 왜냐하면 그분만이 우리의 하나님이시기 때문입니다."

고린도전서 6장 20절

"여러분은 하나님께서 값을 치르고 산 몸입니다. 그러므로 여러분의 몸으로 하나님께 영광을 돌리십시오."

질문 45 제1계명은 무엇인가요?

 제1계명은 "너희는 나 외에는 다른 신들을 두지 마라"입니다.

질문 46 제1계명에서 명하는 것이 무엇인가요?

 제1계명에서 우리에게 명하는 것은 하나님은 유일하신 참 하나님이 되심과 우리의 하나님이 되심을 알고 인정하여 그에게 경배하며 따라서 그를 영화롭게 하는 것입니다.

 출애굽기 20장 3절

"너희는 나 외에는 다른 신들을 두지 마라."

마태복음 4장 10절

"예수님께서 마귀에게 말씀하셨습니다. "사단아, 썩 물러가거라! 성경에 '오직 주 너희 하나님께만 경배하고, 그를 섬겨라!' 고 기록되어 있다.""

질문 47 제1계명이 금하는 것이 무엇인가요?

답 제1계명이 금하는 것은 참 하나님이 하나님이 되심과 또한 우리의 하나님이 되심을 부인하며 경배하지 않고 영화롭게도 하지 않는 것과, 그분에게만 드리기에 합당한 경배와 영광을 다른 것에 드리는 것입니다.

질문 48 제1계명에 있는 "나 외에"라는 말이 우리에게 특별히 가르치는 것은 무엇인가요?

답 모든 것을 보시는 하나님이 다른 신을 섬기는 죄를 대단히 불쾌하게 여기신다는 것입니다.

 로마서 1장 21절

"사람들은 하나님을 알면서도 하나님께 하나님으로 영광을 돌리지도 않았고, 하나님께 감사하지도 않았습니다. 오히려 사람들은 헛된 것을 생각했으며, 그들의 어리석은 마음은 어둠으로 가득 찼습니다."

로마서 1장 25절

"사람들은 하나님의 진리를 거짓으로 바꾸었습니다. 창조주 되신 하나님보다 지음 받은 피조물들을 더 예배하고 섬겼습니다. 하나님은 영원히 찬송을 받으실 분입니다. 아멘."

질문 49 제2계명은 무엇인가요?

제2계명은 "너희는 우상을 만들지 마라. 위로 하늘에 있는 것이나, 아래로 땅에 있는 것이나, 땅 아래로 물 속에 있는 것의 그 어떠한 모양도 만들지 마라. 어떤 우상에게도 예배하거나 섬기지 마라. 나 여호와 너희 하나님은 질투하는 하나님이다. 나에게 죄를 짓고 나를 미워하는 사람에게는 그의 삼대, 사대 자손에게까지 벌을 내릴 것이다. 하지만 나를 사랑하고 나의 명령에 따르는 사람에게는 수천 대 자손에 걸쳐 한결같은 사랑을 베풀 것이다" 입니다.

 신명기 12장 30절

"그들이 멸망한 후에 그들의 풍습을 따라 사는 함정에 빠지지 않도록 조심하십시오. '이 나라들은 어떻게 예배드릴까? 나도 그렇게 해 보고 싶다' 라는 말은 하지도 마시오."

 ## 제2계명에서 명하는 것이 무엇인가요?

 제2계명에서 명하는 것은 하나님이 그의 말씀 가운데서 지정하신 종교적 예배와 규례를 순수하게, 전부 받아들이고 행하고 지키는 일입니다.

 마태복음 28장 20절

"내가 너희에게 말한 모든 것을 지키도록 가르쳐라. 보아라, 내가 너희와 세상 끝날까지 항상 함께 있겠다."

신명기 12장 32절

"내가 여러분에게 명령한 모든 것을 부지런히 지키시오. 거기에서 조금도 더하지 말고 조금도 빼지 마시오."

이런 사람이 되게 해 주세요.

하나님,
저도 다니엘처럼 담대하고
용기있는 사람이었으면 좋겠어요.
하나님께 기도하면 잡혀가서 벌을 받는데도
다니엘은 전에 하던 대로 하루 세 번씩 하나님께 감사 기도를 했지요.
다니엘은 결국 사자굴에 갇혔지만 하나님을 배신하지 않았어요.
저 같으면 사자 울음 소리만 듣고도 벌벌 떨면서 살려달라고 했을 거예요.
그런데 다니엘은 찬송을 부르고 기도를 하면서 하나님을 경배했어요.
풀무불에 던져졌던 다니엘의 세 친구도 그랬고요.
하나님, 저에게도 다니엘과 같은
담대함과 용기를 주세요.
그리고 사드락과 메삭과 아벳느고처럼 열심히
함께 예수님을 믿는 좋은 친구도 주세요.
예수님의 이름으로 기도합니다. 아멘.

| 성경에서 찾아보기 |

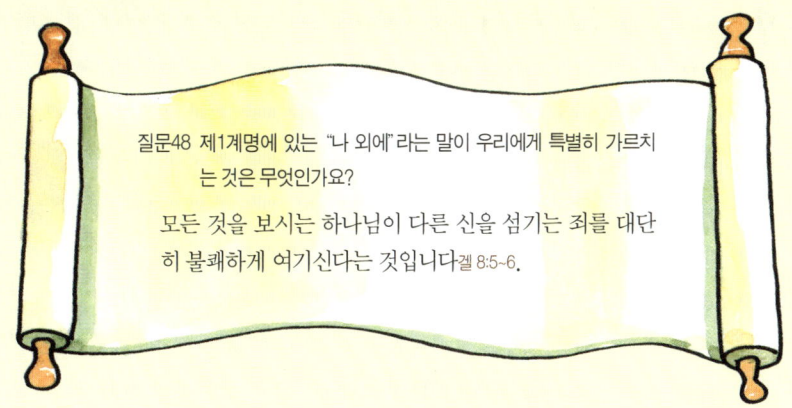

질문48 제1계명에 있는 "나 외에"라는 말이 우리에게 특별히 가르치는 것은 무엇인가요?

모든 것을 보시는 하나님이 다른 신을 섬기는 죄를 대단히 불쾌하게 여기신다는 것입니다 겔 8:5~6.

에스겔 8장 5~6절

그 때, 주님이 내게 말씀하셨다. "사람아, 북쪽을 바라보아라." 그래서 내가 북쪽을 바라보았더니 문 북쪽에는 제단이 있었고, 문 입구에는 질투의 우상이 있었다. 또 주님께서 내게 말씀하셨다. "사람아, 이스라엘 백성들이 무슨 짓을 하고 있는지 보이느냐? 그들이 여기에서 얼마나 더러운 짓을 많이 하고 있는지 보이느냐? 그들의 더러운 짓 때문에 내가 내 성전을 떠난 것이다. 그러나 너는 이보다 더 역겨운 광경을 보게 될 것이다."

| 질문 51 | 제2계명에서 금하는 것이 무엇인가요?

 제2계명에서 금하는 것은 우상을 통하거나 그분의 말씀에 정해 있지 않은 어떤 다른 방식으로 하나님께 예배드리는 것입니다.

| 질문 52 | 제2계명을 지키라 하신 이유가 무엇인가요?

 제2계명을 지키라 하신 이유는 하나님이 우리의 주권자가 되시며, 우리의 소유주가 되시며, 홀로 예배 받는 것을 열망하시기 때문입니다.

 출애굽기 20장 4~5절

"너희는 우상을 만들지 마라. 위로 하늘에 있는 것이나, 아래로 땅에 있는 것이나, 땅 아래로 물 속에 있는 것의 그 어떠한 모양도 만들지 마라."

골로새서 3장 5절

"여러분의 생활 가운데 죄악된 것은 다 버리십시오. 성적인 죄, 악한 행동, 나쁜 생각, 지나친 욕심 등은 하나님 이외의 것들을 더 소중히 여기는 마음가짐입니다."

질문 53 제3계명은 무엇인가요?

답 제3계명은 "나 여호와 너의 하나님의 이름을 함부로 부르지 마라. 나 여호와는 나의 이름을 함부로 부르는 사람을 죄 없다고 하지 않을 것이다"입니다.

 질문 54 제3계명에서 명하는 것이 무엇인가요?

답 제3계명에서 명하는 것은 하나님의 이름과 칭호와 속성과 규례와 말씀과 사역을 거룩하게 그리고 존경심을 가지고 사용하라는 것입니다.

📖 출애굽기 20장 7절

"나 여호와 너의 하나님의 이름을 함부로 부르지 마라. 나 여호와는 나의 이름을 함부로 부르는 사람을 죄 없다고 하지 않을 것이다."

요한계시록 15장 4절

"만민이 주님을 경배합니다. 주님을 찬양합니다. 오직 주님만이 거룩하신 분이십니다. 모든 백성이 주님 앞에 나와 경배합니다. 이는 주님은 의로우시고 공평하시며, 아무 흠도 없으신 신실한 하나님이시기 때문입니다."

질문 55 제3계명에서 금하는 것이 무엇인가요?

 제3계명에서 금하는 것은 하나님이 자기를 나타내신 것이 무엇이든지 훼방하거나 악용하지 말라는 것입니다.

질문 56 제3계명을 지키라 하신 이유가 무엇인가요?

 제3계명을 지키라 하신 이유는 이 계명을 범하는 자가 비록 사람에게서는 형벌을 피할 수 있을지라도 주 우리 하나님은 그들로 하여금 그의 공의로우신 심판을 피하지 못하게 하시기 때문입니다.

말라기 1장 6~8절

"만군의 여호와의 말씀이다. "아들은 그 아버지를 존경하고, 종은 그 주인을 존경한다. 나는 아버지다. 그러나 너희가 나를 언제 존경했느냐? 나는 주인이다. 그러나 너희가 나를 언제 존경했느냐? 하지만 너희는 묻기를 '우리가 언제 주를 업신여겼습니까?' 라고 한다. 너희는 내 제단에 부정한 제물을 가져옴으로 나를 업신여겼다. 하지만 너희는 묻기를 '우리가 언제 제물을 부정하게 했습니까?'라고 한다. 너희는 주의 제단을 업신여겨도 괜찮다고 생각했다. 너희는 눈먼 짐승을 제물로 바쳤다. 그것이 잘못된 것이 아니냐? 또 너희는 다리를 절거나 병든 짐승을 제물로 바치기도 했다. 그것이 잘못된 것이 아니냐? 그런 것을 너희 총독에게 바쳐 보아라. 그가 너희를 반갑게 맞이하겠느냐? 너희를 좋아하겠느냐? 나 만군의 여호와의 말이다."

이런 사람이 되게 해 주세요.

오늘 부모님과 함께 〈이집트 왕자〉라는 만화영화를 보았어요.
갈대상자에 담겨 물 위를 떠내려가다 이집트 공주에게 발견되어
왕족으로 살게 된 모세의 이야기였어요.
하지만 모세는 이집트 백성이 아니라 이스라엘의 핏줄이었기 때문에
같은 민족을 괴롭히는 애굽 사람을 죽이고 도망자 신세가 되었어요.
하나님께서는 모세를 불러 이스라엘 백성들을 구원하게 하셨지요.
모세는 이스라엘 백성들을 이끌고 가다가 홍해를 만나게 되지요.
하나님께 기도하고 지팡이를 내려치는 순간
바다가 갈라지고 길이 만들어지는 장면은 정말 굉장했어요.
모세가 처음에는 겁을 내면서 못하겠다고 했었지만 하나님을 두려워하고 순종해서
결국은 이스라엘의 지도자가 되었어요.
하나님, 저도 주님의 말씀에 순종하고
사람들을 잘 이끄는 지도자가 되고 싶어요.
복 많이 받는 어린이가 될래요.
예수님의 이름으로 기도합니다. 아멘.

| 성경에서 찾아보기 |

질문54 제3계명에서 명하는 것이 무엇인가요?

제3계명에서 명하는 것은 하나님의 이름과 마 6:9, 칭호와 시 67:5 속성과 규례와 말 1:11,14 말씀과 시 137:1~4 사역을 거룩하게 욥 36:24 그리고 존경심을 가지고 사용하라는 것입니다.

 **마태복음 6장 9절**
그러므로 이렇게 기도하여라. '하늘에 계신 우리 아버지, 아버지의 이름이 거룩하게 여김을 받으소서.'

시편 67편 5절
오 하나님, 모든 민족들이 주께 찬양드리기를 바랍니다. 모든 백성들이 주를 찬송하기를 바랍니다.

말라기 1장 11절
해뜨는 곳에서부터 해지는 곳까지 내가 모든 민족들 가운데서 영광을 받을 것이다. 곳곳마다 사람들이 향과 깨끗한 제물을 내게 바칠 것이다. 내가 모든 민족들 가운데서 영광을 받을 것이다. 나 만군의 여호와의 말이다.

말라기 1장 14절
속이는 사람, 즉 짐승 떼 가운데서 수컷을 바치기로 약속해 놓고 흠 있는 것을 바치는 사람은 저주를 받는다. 나는 위대한 왕이다. 나 만군의 여호와의 말이다. 모든 민족이 내 이름을 두려워한다.

시편 137편 1~4절
바빌론의 강가에 앉아 우리는 울었습니다. 우리가 시온을 기억하면서 울었습니다. 우리는 버드나무 위에다 수금을 걸어 놓았습니다. 이는 우리를 잡아온 자들이 우리에게 노래하라고 시켰기 때문입니다. 그리고 우리를 괴롭히는 자들이 기쁨의 노래를 부르라고 했기 때문입니다. 그들은 말했습니다. "시온의 노래 중 한 곡을 불러 보아라!" 어떻게 우리가 여호와의 노래를 부를 수 있겠습니까? 낯선 땅에서 어떻게 주의 노래를 부를 수 있겠습니까?

욥기 36장 24절
하나님의 하신 일을 두고 모두들 찬송합니다. 그러니 당신도 그분께서 하신 일을 찬송하세요.

질문 57 제4계명은 무엇인가요?

 제4계명은 "안식일을 기억하여 거룩한 날로 지켜라. ……왜냐하면 나 여호와가 육 일 동안 하늘과 땅과 바다와 그 안에 있는 모든 것을 만들고 칠 일째 날에는 쉬었기 때문이다. 그러므로 나 여호와는 안식일에 복을 주고, 그 날을 거룩하게 하였느니라"입니다.

 창세기 2장 2~3절

"일곱째 되는 날에 하나님께서 하시던 일을 마치시고 쉬셨습니다. 하나님께서 일곱째 되는 날에 복을 주시고, 그 날을 거룩하게 하셨습니다. 왜냐하면 하나님께서 만드시던 모든 일을 마치시고 그 날에 쉬셨기 때문입니다."

질문 58 제4계명에서 명하는 것이 무엇인가요?

 제4계명에서 명하는 것은 하나님께서 그의 말씀 가운데서 명하신 일정한 때를 그의 앞에서 거룩히 지키는 것인데 특별히 칠 일 중에 하루를 종일토록 하나님께 거룩한 안식일이 되게 하는 것입니다.

📖 신명기 5장 12~14절

"안식일을 거룩한 날로 지켜라. 나 여호와 너희의 하나님이 그렇게 명령하였다. 너희는 **육 일 동안, 힘써서 모든 일을 하여라.** 그러나 칠 일째 되는 날은 너희 하나님 나 여호와를 기리며 쉬는 날이다. 그 날에는 아무도 일하지 마라. 너나, 너의 아들이나 딸이나, 너의 남종이나 여종이나 그 누구도 일하지 마라. 또한 너희 소나 나귀나 그 밖에 어떤 가축도 일하게 하지 마라. 그리고 너희 성에서 사는 외국인도 일해서는 안 된다. 너희와 마찬가지로 너희 종들도 쉬게 하여라."

질문 59 하나님께서 칠 일 중 어느 날을 안식일로 정하셨나요?

 세상의 시작으로부터 그리스도의 부활까지는 하나님께서 한 주간의 일곱째 날을 안식일로 정하셨고 그 후로부터 세상 끝날에 이르기까지는 그 주간의 첫 날로 명하셨으니 이 날이 바로 그리스도의 안식일입니다.

 사도행전 20장 7절

"안식일 다음 날, 우리가 교제의 식사를 나누기 위해 모였을 때에 바울이 설교를 시작했습니다. 그는 다음날에 떠나기로 되어 있어서 한밤중까지 신자들에게 설교를 계속했습니다."

질문 60 안식일을 거룩하게 하는 방법은 무엇인가요?

 안식일을 거룩하게 하려면 다른 날에 할 수 있는 모든 세상의 업무와 오락까지도 끊고, 그 날을 종일 거룩하게 쉬며, 공적으로나 사적으로나 하나님께 예배를 드리는 일로 그 모든 시간을 보내야 합니다. 다만 부득이한 일이나 자비를 베푸는 일에 드려야 할 시간만큼은 예외입니다.

「필라델피아」 대 부호 「스티븐 지라드」.

"사업이 잘 돼서 무척 바빠졌다."

"앞으로 전 사원은 일요일에도 나와서 근무하도록 지시하라!"

"옛써!"

"사장님, 죄송하지만 전 주일에는 근무할 수 없습니다."

"어째서지?"

"주일엔 교회에서 아이들을 가르쳐야 합니다."

"자네같은 사람은 우리 회사에 필요없네. 당장 사표 써!"

청년(「지미」)은 3주간 다른 일자리를 찾았으나 구하지 못했다.

 이사야 58장 13~14절

"'너희는 안식일에 관한 나의 가르침을 지켜야 한다. 그 거룩한 날에 너희 사업을 멈추고, 안식일을 기쁜 날이라 부르고, 나 여호와의 거룩한 날을 귀하게 여겨야 한다. 그 날에는 너희 마음에 드는 일만 하지 말고, 너희 멋대로 말하지 말아야 한다. 그러면 너희가 내 안에서 기쁨을 누릴 것이다. 나 여호와가 땅 위의 높은 곳으로 너희를 이끌고, 너희 조상 야곱이 물려준 땅의 작물로 너희를 먹이겠다.' 여호와께서 하신 말씀이다."

질문 61 제4계명에서 금하는 것이 무엇인가요?

답 제4계명에서 금하는 것은 그 명한 바 의무들을 생략하거나 소홀히 이행하는 일과 게으름으로 하는 것, 또는 본질적으로 죄가 되는 일을 행하거나, 세상의 여러 가지 업무나 오락에 대하여 필요하지 않은 생각이나 말이나 일로 말미암아 주님의 날을 더럽히는 것입니다.

 에스겔 22장 26절

"이스라엘의 제사장들은 내 율법을 함부로 다루고 내 거룩한 성소를 더럽혔으며 거룩한 것과 거룩하지 않은 것을 구별하지 않았고, 깨끗한 것과 부정한 것을 구별하도록 가르치지 않았으며, 내 안식일을 기억하지도 않았다. 그래서 내가 그들 가운데서 더럽혀진 것이다."

질문 62

제4계명을 지키라 하신 이유는 무엇인가요?

제4계명을 지키라 하신 이유는 하나님이 우리의 행할 여러 가지 일들을 위하여 한 주간 중 엿새를 허락하시고, 제 칠 일만큼은 특별한 소유권을 요구하시며 스스로 모범을 보이사 안식일을 축복하셨기 때문입니다.

 레위기 23장 3절

"너희는 엿새 동안은 일을 하지만, 칠 일째 되는 날은 완전히 쉬는 안식일이며, 거룩한 모임의 날이다. 너희는 어떤 일도 하지 마라. 그 날은 너희의 모든 가정에서 지켜야 할 여호와의 안식일이다."

요일마다 드리는 기도

하나님,
월요일에는 깨끗하게 해 주세요.
제 마음 속에 있는 나쁜 것들은 다 없어지게 해 주세요.
화요일에는 나누게 해 주세요.
제 것만 챙기고 욕심부리지 않게 해 주세요.
수요일에는 전도하게 해 주세요.
예수님을 세상에 전할 수 있는 용기를 주세요.
목요일에는 찬양하게 해 주세요.
예수님께서 주신 입술로 기쁘게 찬양하게 해 주세요.
금요일에는 기도하게 해 주세요.
조용히 무릎 꿇고 기도하게 해 주세요.
토요일에는 묵상하게 해 주세요.
성경을 읽고 예수님의 말씀에 귀기울이게 해 주세요.
주일에는 예배하게 해 주세요.
예수님을 만나게 해 주세요.
예수님의 이름으로 기도합니다. 아멘.

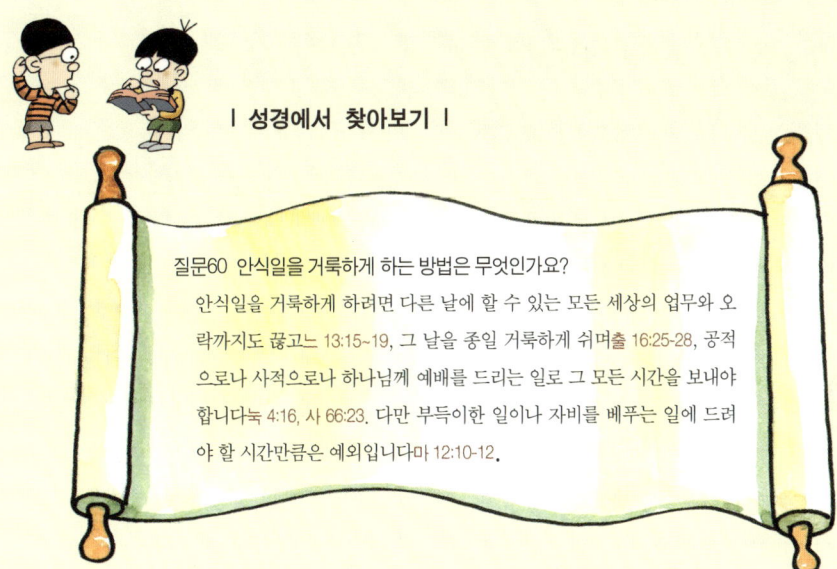

| 성경에서 찾아보기 |

질문60 안식일을 거룩하게 하는 방법은 무엇인가요?

안식일을 거룩하게 하려면 다른 날에 할 수 있는 모든 세상의 업무와 오락까지도 끊고느 13:15~19, 그 날을 종일 거룩하게 쉬며출 16:25-28, 공적으로나 사적으로나 하나님께 예배를 드리는 일로 그 모든 시간을 보내야 합니다눅 4:16, 사 66:23. 다만 부득이한 일이나 자비를 베푸는 일에 드려야 할 시간만큼은 예외입니다마 12:10-12.

느헤미야 13장 15~19절

그 무렵에 나는 유다 백성이 안식일에도 술틀을 밟는 것을 보았습니다. 그리고 안식일인데도 곡식을 날라다가 나귀 등에 싣는 것을 보았습니다. 그 밖에 안식일에 포도주와 포도와 무화과를 예루살렘으로 실어 나르는 것을 보았습니다. 나는 안식일에 음식을 팔지 말라고 경고했습니다.

그 때에 두로 사람들도 예루살렘에서 살고 있었는데, 그들도 물고기를 비롯해 갖가지 물건을 안식일에 유다 백성에게 팔고 있었습니다. 그래서 나는 유다의 귀족들을 꾸짖으며 이렇게 말했습니다. "어떻게 이런 악한 짓을 할 수가 있소? 어떻게 안식일을 더럽힐 수가 있소? 당신들의 조상이 이런 짓을 해서 우리 하나님께서 우리와 우리 성에 재앙을 내리셨소. 당신들은 안식일을 더럽혀서 하나님을 노하게 만들었소."

출애굽기 16장 25~28절

모세가 백성에게 말했습니다. "어제 거둔 음식을 드시오. 오늘은 여호와의 안식일이니, 들에 나가도 아무것도 얻지 못할 것이오. 육 일 동안은 음식을 거두어야 하지만 칠 일째가 되는 날은 안식일이니 그 날에는 땅에 아무 음식도 없을 것이오."

칠 일째가 되는 날에 어떤 사람들이 음식을 거두러 나갔지만, 아무것도 얻지 못했습니다. 여호와께서 모세에게 말씀하셨습니다. "너희가 언제까지 내 명령과 가르침을 지키지 않으려느냐?"

누가복음 4장 16절

예수님께서 자라나신 나사렛에 도착했습니다. 평소의 습관처럼 예수님께서 안식일에 회당에 가셔서 성경을 읽으려고 일어나셨습니다.

이사야 66장 23절

"안식일과 초하루 축제일마다 모든 사람이 내게 예배하러 올 것이다." 여호와의 말씀이다.

마태복음 12장 10~12절

회당 안에 손이 오그라진 사람이 있었습니다. 사람들이 예수님을 고발하려고, "안식일에 병을 고치는 것이 옳습니까?" 하고 예수님께 여쭈었습니다. 예수님께서 그들에게 대답하셨습니다. "만일 너희 중에서 어떤 사람이 양 한 마리를 가지고 있는데, 그 양이 안식일에 구덩이에 빠지면 그것을 끌어 내지 않겠느냐? 하물며 사람은 양보다 얼마나 더 귀중하냐! 그러므로 안식일에 선한 일을 하는 것이 옳다."

질문 63 제5계명은 무엇인가요?

 제5계명은 "너희 아버지와 어머니를 잘 섬겨라. 그러면 나 여호와 하나님이 너희에게 준 이 땅에서 너희를 오래 살게 할 것이다" 입니다.

에베소서 6장 2~3절

"십계명에도 '네 부모를 공경하라'고 하였습니다. 이것은 약속이 보장된 첫 계명입니다. 그 약속은 '네가 하는 일이 다 잘 되고 이 땅에서 장수할 것이다'라는 것입니다."

질문 64 제5계명에서 명하는 것이 무엇인가요?

 제5계명에서 명하는 것은 각 사람이 자기에게 속한 여러 가지 지위와 인간관계, 즉 상하와 동등한 관계를 지켜 높일 자를 높이고 그 의무를 다하라는 것입니다.

출애굽기 20장 12절

"너희 아버지와 어머니를 잘 섬겨라. 그러면 나 여호와 하나님이 너희에게 준 이 땅에서 너희를 오래 살게 할 것이다."

레위기 19장 32절

"노인을 존경하여라. 노인이 방에 들어오면 자리에서 일어나라. 너희 하나님을 두려워하여라. 나는 여호와이다."

질문 65 제5계명에서 금하는 것이 무엇인가요?

제5계명에서 금하는 것은 각 사람이 그들의 여러 가지 지위와 인간관계에 있어서 자기에게 속한 명예와 의무를 소홀히 하거나 반대되는 행동을 하는 것입니다.

📖 에베소서 6장 1절

"자녀들은 부모에게 순종하십시오. 이것이 주님을 믿는 사람으로서 옳게 행하는 일입니다."

에베소서 6장 4절

"아버지는 자녀들의 마음을 상하게 하거나, 화를 돋우지 말고, 주님의 훈계와 가르침으로 잘 키우십시오."

> 질문 66 제5계명을 지키라 하신
> 이유가 무엇인가요?

 제5계명을 지키라 하신 이유는 이 계명을 지키는 모든 사람에게 하나님께 영광이 되고 자기 자신에게 유익이 되는, 장수하고 번영하는 복을 주시기 위해서입니다.

신명기 5장 16절

"너희는 너희 하나님 나 여호와가 명령한 대로 너희 아버지와 어머니를 잘 섬겨라. 그리하면 너희 하나님 나 여호와가 너희에게 영원히 주는 이 땅에서 오랫동안 잘 살 수 있을 것이다."

아빠를 위한 기도

하나님, 나무처럼 저를 든든하게 지켜 주는 아빠를 주셔서 감사해요.
그런데 요즘 아빠의 얼굴에 주름살이 생겨요.
흰머리카락도 자꾸만 자꾸만 나와요. 저는 어려운 말이라 잘 모르는데
'경제가 어려워서' 그런가 봐요. 아빠랑 엄마랑 하시는 말씀을 들었거든요.
하나님, 아빠의 축 처진 어깨를 보니까 마음이 아파요.
우리 아빠에게 힘을 주세요.
아빠가 활짝 웃으시는 모습을 보고 싶어요. 경제가 빨리 쉬워지게 해 주세요.
아빠의 어깨가 쫙 펴지게 해 주세요.
예수님의 이름으로 기도합니다. 아멘.

엄마를 위한 기도

하나님, 매일매일 저를 위해 기도하는 다정한 엄마를 주셔서 감사해요.
엄마는 새벽마다 저의 이름을 부르면서 기도하신대요.
저를 이 세상에 태어나게 해 주신 하나님께 감사드린대요.
하나님, 저도 엄마를 위해서 기도할래요. 저에게 좋은 엄마를 주셔서 참 감사해요.
우리 가족을 꼼꼼하게 챙겨 주는 엄마를 축복해 주세요. 엄마가 없으면 우리 가족은
아무것도 못하거든요. 하나님, 엄마에게 건강을 주세요. 허리도 다리도 아프지 않게 해 주세요.
이제 엄마에게 떼쓰지 않을게요. 어리광부리지 않을게요.
예수님의 이름으로 기도합니다. 아멘.

| 성경에서 찾아보기 |

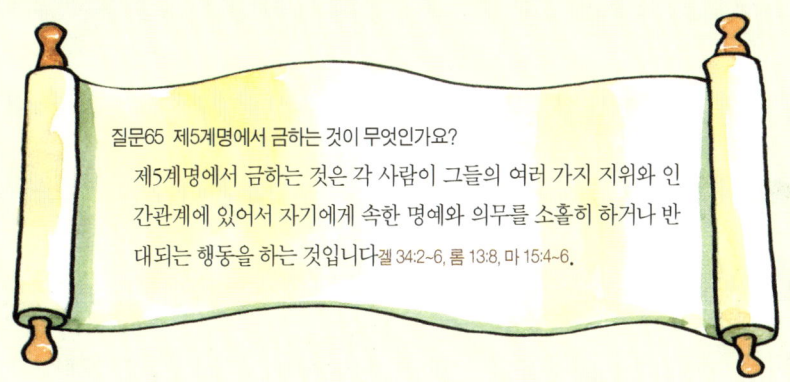

질문65 제5계명에서 금하는 것이 무엇인가요?

제5계명에서 금하는 것은 각 사람이 그들의 여러 가지 지위와 인간관계에 있어서 자기에게 속한 명예와 의무를 소홀히 하거나 반대되는 행동을 하는 것입니다 겔 34:2~6, 롬 13:8, 마 15:4~6.

🌿 에스겔 34장 2~6절

사람아, 이스라엘의 목자들을 향해 예언하여라. 그들에게 예언을 전하여라. '이것이 주 여호와께서 말씀하시는 것이다. 오직 자신들만을 돌보는 이스라엘의 목자들에게 재앙이 있을 것이다! 목자들은 마땅히 양떼를 돌봐야 하지 않느냐? 너희는 살진 양을 잡아 그 기름진 것을 먹고 양털로 옷을 만들어 입을 뿐, 양떼들을 돌보지 않는다.'

🌿 마태복음 15장 4~6절

하나님께서는 '네 아버지와 어머니를 공경하라' 고 말씀하셨다. 또한 '아버지나 어머니를 욕하는 사람은 반드시 죽으리라' 고 말씀하셨다. 그런데 너희는 '아버지나 어머니에게 드리려던 것을 하나님께 드렸다고 하면, 자기 부모를 공경하지 않아도 된다' 라고 말하면서, 너희 전통을 빌미로 하나님의 말씀을 무시하고 있다.

🌿 로마서 13장 8절

다른 사람을 사랑하는 빚 이외에는 아무 사람에게, 아무런 빚도 지지 마십시오. 남을 사랑하는 사람은 율법을 온전히 이룬 것이나 다름없습니다.

질문 67 제6계명은 무엇인가요?

 제6계명은 "사람을 죽이지 마라"입니다.

📖 마태복음 5장 21~22절

"예전에는 '살인하지 마라. 누구든지 살인을 하는 사람은 재판을 받을 것이다' 라는 계명을 받았다고 너희가 들었다. 그러나 나는 너희에게 말한다. 자기 형제에게 화를 내는 사람은 재판정에 설 것이며, 자기 형제에게 나쁜 말을 하는 사람도 산헤드린 법정에 설 것이다. 또한 자기 형제에게 바보라고 하는 사람은 지옥 불에 던져질 것이다."

요한일서 3장 15절

"자기 형제를 미워하는 사람은 누구나 살인자입니다. 여러분도 아시다시피 살인자에게는 영원한 생명이 있을 수 없습니다."

질문 68 | 제6계명에서 명하는 것이 무엇인가요?

 제6계명에서 명하는 것은 정당한 노력을 다해서 우리 자신의 생명과 다른 사람들의 생명을 지키는 것입니다.

 에베소서 5장 28~30절

"그러므로 남편들은 이와 같이 아내를 사랑하십시오. 자기 몸을 아끼고 사랑하듯이 아내를 사랑하기 바랍니다. 자기 아내를 사랑하는 자는 곧 자신을 사랑하는 자입니다. 자기 몸을 미워하는 사람은 없습니다. 오히려 아끼고 돌볼 것입니다. 이것이 바로 그리스도가 교회를 위해 하신 일입니다. 우리는 그리스도의 몸인, 교회의 지체들입니다."

질문 69 제6계명에서 금하는 것이 무엇인가요?

 제6계명에서 금하는 것은 부당하게 우리 자신의 생명이나 우리 이웃의 생명을 빼앗거나 해하는 일들입니다.

 창세기 9장 6절

"누구든지 사람의 피를 흘리면, 다른 사람이 그 사람의 피를 흘리게 할 것이다. 이는 하나님께서 자기 모습대로 사람을 지으셨기 때문이다."

질문 70 제7계명은 무엇인가요?

 제7계명은 "간음하지 마라"입니다.

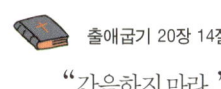 출애굽기 20장 14절

"간음하지 마라."

마태복음 5장 28절

"그러나 나는 너희에게 말한다. 누구든지 음란한 생각으로 여자를 바라보는 사람은 이미 마음 속으로 그 여인과 간음한 것이다."

질문 71

제7계명에서 명하는 것이 무엇인가요?

 제7계명에서 명하는 것은 마음과 말과 행동에 있어서 우리 자신과 우리 이웃의 순결을 지키는 것입니다.

 데살로니가전서 4장 3~5절

"하나님께서는 여러분이 성적인 모든 죄를 피하고 거룩하고 순결하게 살기를 원하십니다. 자기의 아내를 거룩하고 존귀한 마음으로 사랑하십시오. 육체의 정욕에 따라 여러분의 몸을 사용하지 마십시오. 그것은 하나님을 모르는 사람들이나 짓는 죄입니다."

질문 72 제7계명에서 금하는 것이 무엇인가요?

 제7계명에서 금하는 것은 모든 부정한 생각과 말과 행동들입니다.

 데살로니가전서 4장 3절

"하나님께서는 여러분이 성적인 모든 죄를 피하고 거룩하고 순결하게 살기를 원하십니다."

| 내가 꾸미는 한 컷 |

"여러분의 몸은 하나님께 받은 것이며,
여러분 안에 거하시는 성령의 성전이라는 사실을
알지 못하십니까? 여러분은 여러분 자신의 것이 아닙니다.
여러분은 하나님께서 값을 치르고 산 몸입니다.
그러므로 여러분의 몸으로
하나님께 영광을 돌리십시오."

고린도전서 6장 19~20절

| 성경에서 찾아보기 |

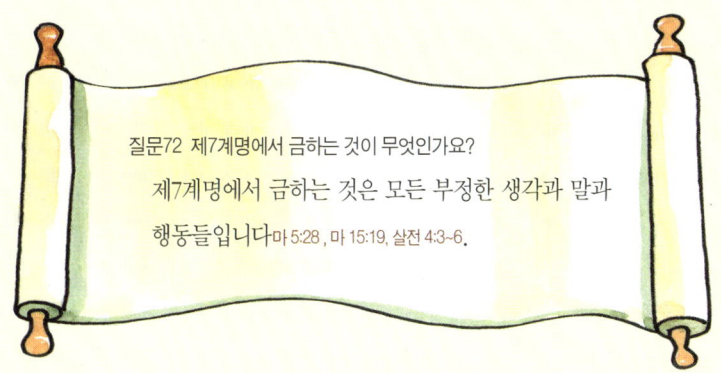

질문72 제7계명에서 금하는 것이 무엇인가요?
제7계명에서 금하는 것은 모든 부정한 생각과 말과 행동들입니다. 마 5:28, 마 15:19, 살전 4:3~6.

마태복음 5장 28절

"그러나 나는 너희에게 말한다. 누구든지 음란한 생각으로 여자를 바라보는 사람은 이미 마음 속으로 그 여인과 간음한 것이다."

마태복음 15장 19절

"마음에서는 악한 생각, 살인, 간음, 음행, 도둑질, 거짓말 그리고 비방이 나온다."

데살로니가전서 4장 3~6절

"하나님께서는 여러분이 성적인 모든 죄를 피하고 거룩하고 순결하게 살기를 원하십니다. 자기의 아내를 거룩하고 존귀한 마음으로 사랑하십시오.
육체의 정욕에 따라 여러분의 몸을 사용하지 마십시오. 그것은 하나님을 모르는 사람들이나 짓는 죄입니다. 이런 죄를 지어서 여러분의 형제를 속이거나 그에게 해를 입히지 않도록 하십시오. 우리 주님은 그런 사람을 반드시 벌하십니다. 이 부분에 대해서는 예전에도 여러분에게 경고하였습니다."

> 질문 73

제8계명은 무엇인가요?

 제8계명은 "도둑질하지 마라"입니다.

 출애굽기 20장 15절

"도둑질하지 마라."

질문 74 제8계명에서 명하는 것이 무엇인가요?

 제8계명에서 명하는 것은 우리 자신과 남들의 재산과 산업을 정당하게 지키고 또 늘리는 것입니다.

 로마서 12장 17절

"아무에게도 악을 악으로 갚지 마십시오. 모든 사람이 보기에 선한 일을 하십시오."

질문 75

제8계명에서 금하는 것이 무엇인가요?

 제8계명에서 금하는 것은 우리 자신이나 우리 이웃의 재산 또는 사업을 부당하게 방해하거나 또는 방해될 수도 있는 모든 일들입니다.

 에베소서 4장 28절

"도둑질하는 사람이 있으면, 도둑질을 그만두고 새로운 마음으로 일을 시작하십시오."

질문 76 제9계명은 무엇인가요?

 제9계명은 "이웃에 대하여 거짓 증언을 하지 마라"입니다.

 출애굽기 20장 16절

"이웃에 대하여 거짓 증언을 하지 마라."

잠언 14장 5절

"진실한 증인은 거짓말을 하지 않지만, 거짓 증인은 거짓말을 밥 먹듯 내뱉는다."

골로새서 3장 9절

"서로에게 거짓말을 하지 마십시오. 이제는 과거의 잘못된 삶에서 진정으로 벗어나야 할 때입니다."

질문 77

제9계명에서 명하는 것이 무엇인가요?

 제9계명에서 명하는 것은 사람과 사람 사이에 진실하며, 우리 자신과 우리 이웃의 명예를 지키며, 특히 증거하는 일에 있어서 거짓으로 하지 말라는 것입니다.

〈진실 I〉

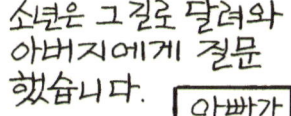

질문 78

제9계명에서 금하는 것이 무엇인가요?

 제9계명에서 금하는 것은 진실에 어긋나는 일이나 우리 자신이나 우리 이웃의 명예를 해치는 모든 일입니다.

〈진실 II〉

 스가랴 8장 16절

"너희는 이렇게 하여라. 서로 진실을 말하고, 법정에서는 참되고 의로운 재판을 하여라."

레위기 19장 16절
"다른 사람을 헐뜯는 말을 하고 다니지 마라. 이웃의 목숨을 위태롭게 할 일을 하지 마라. 나는 여호와이다."

다른 사람을 헐뜯는 말을 하고 다니지 마라.
이웃의 목숨을 위태롭게 할 일을 하지 마라.
나는 여호와이다.

레위기 19장 16절

| 성경에서 찾아보기 |

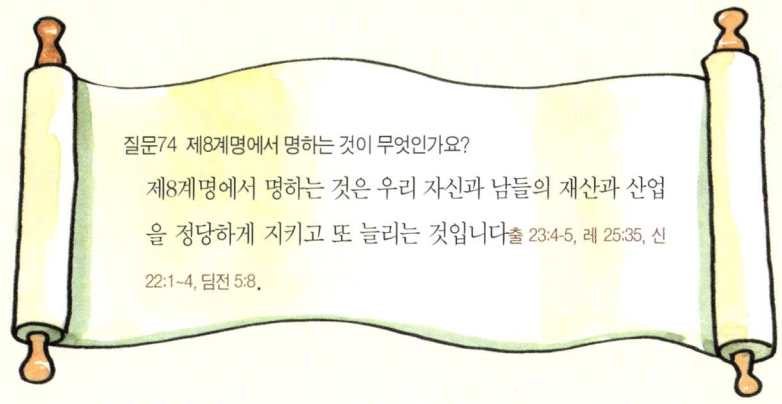

질문74 제8계명에서 명하는 것이 무엇인가요?
제8계명에서 명하는 것은 우리 자신과 남들의 재산과 산업을 정당하게 지키고 또 늘리는 것입니다 출 23:4-5, 레 25:35, 신 22:1~4, 딤전 5:8.

출애굽기 23장 4~5절
너희 원수의 소나 나귀가 길을 잃고 헤매는 것을 보면, 그것을 돌려 주어라. 너희를 미워하는 사람의 나귀가 무거운 짐을 못 이겨 쓰러져 있는 것을 보면 그대로 내버려 두지 말고, 너희를 미워하는 사람을 도와 나귀를 일으켜 세워 주어라.

레위기 25장 35절
네 동족 가운데 너무 가난해서 혼자 힘으로는 살아가기 어려운 사람이 있거든, 너희는 나그네나 외국인을 돕듯이 그를 도와 너와 함께 살 수 있도록 하여라.

신명기 22장 1~4절
"여러분이 이웃의 소나 양이 길을 잃고 헤매는 것을 보면 못 본 체하지 말고 주인에게 돌려 주시오. 주인이 가까운 곳에 살지 않거나 주인이 누구인지 모르면 길 잃은 짐승을 여러분의 집으로 끌고 가서 주인이 찾으러 올 때까지 데리고 있다가 주인이 찾으러 오면 돌려 주시오.
이웃의 나귀나 옷이나 그 밖에 이웃이 잃어버린 다른 물건을 발견했을 때도 못 본 체하지 말고 주인에게 돌려 주시오. 여러분이 이웃의 소나 양이 길에 쓰러져 있는 것을 보게 되면, 못 본 체하지 말고 그 주인을 도와 일으켜 주시오."

디모데전서 5장 8절
믿는 사람은 자기 친척, 특히 가족부터 잘 돌보아야 합니다. 그렇게 하지 않는 사람은 믿음을 저버린 사람이며, 하나님을 믿지 않는 사람보다 더 나쁜 사람입니다.

질문 79 제10계명은 무엇인가요?

 제10계명은 "이웃집을 탐내지 마라. 이웃의 아내나, 남종이나 여종이나, 소나 나귀나, 그 밖에 이웃의 어떠한 것도 탐내지 마라"입니다.

히브리서 13장 5절

"돈이 여러분의 삶을 다스리지 않도록 하십시오. 가진 것에 만족하시기 바랍니다. 하나님께서는 '내가 결코 너를 떠나지 않겠다. 내가 결코 너를 잊지 않겠다'고 말씀하셨습니다."

고린도전서 10장 24절

"누구나 자기 유익을 구해서는 안 되고, 다른 사람의 유익을 구하여야 합니다."

질문 80 제10계명에서 명하는 것이 무엇인가요?

 제10계명에서 명하는 것은 우리 자신의 처지에 완전히 만족하며 이웃과 그의 모든 것에 대하여 의롭고 자비로운 마음을 품으라는 것입니다.

 누가복음 12장 15절

"이어서 예수님께서 사람들에게 말씀하셨습니다. '온갖 욕심을 경계하고 주의하여라. 재산이 아무리 많더라도 사람의 생명이 거기에 달려있지 않다.'"

야고보서 1장 15절

"욕심은 죄를 낳고, 죄는 점점 자라 죽음을 가져옵니다."

질문 81 제10계명에서 금하는 것이 무엇인가요?

 제10계명에서 금하는 것은 우리 이웃이 잘 되는 것을 시기하고 싫어하면서 우리 자신의 처지에 불만을 가지는 일과, 이웃의 소유에 대한 부당한 행동이나 탐욕을 가지는 모든 것입니다.

📖 골로새서 3장 2~3절

"하늘에 속한 것을 생각하고, 땅의 것에 마음을 두지 마십시오. 옛 사람은 죽었으며, 이제는 그리스도와 함께 하나님 안에서 새로운 삶을 사는 것입니다."

골로새서 3장 5절

"여러분의 생활 가운데 죄악된 것은 다 버리십시오. 성적인 죄, 악한 행동, 나쁜 생각, 지나친 욕심 등은 하나님 이외의 것들을 더 소중히 여기는 마음가짐입니다."

갈라디아서 5장 26절

"그리고 교만하지 말고, 서로 다투거나 시기하지 말아야 합니다."

질문 82 사람이 하나님의 계명을 완전히 지킬 수 있을까요?

답) 인간이 타락한 이후 이 세상에서 하나님의 계명을 완전히 지킬 수 있는 사람은 하나도 없습니다. 오히려 생각과 말과 행위에 있어서 날마다 계명을 어깁니다.

 전도서 7장 20절

"제아무리 의롭다 해도, 죄짓지 않는 사람은 세상에 없다."

요한일서 1장 8절

"또한 우리가 스스로 죄를 짓지 않았다고 말한다면, 그것은 우리 자신을 속이는 것이며 진리가 우리 안에 없는 것입니다."

질문 83 모든 범죄가 똑같이 악한가요?

 어떤 죄는 그 본질과 여러 가지 악한 성격들 때문에 하나님 앞에서 다른 죄보다 더욱 가증스럽습니다.

 시편 19편 13절

"알면서 죄를 짓지 않게 막아주시고, 그 죄들이 나를 휘어잡지 않게 하여 주소서. 그러면 큰 죄에서 벗어나 내가 깨끗해질 것입니다."

누가복음 12장 10절

"인자에 대하여 나쁘게 말하는 사람은 용서받을 수도 있다. 그러나 성령을 모욕하는 사람은 용서받지 못할 것이다."

| 내가 꾸미는 한 컷 |

성경에는 이렇게~

"알면서 죄를 짓지 않게 막아주시고
그 죄들이 나를 휘어잡지 않게 하여 주소서.
그러면 큰 죄에서 벗어나 내가 깨끗해질 것입니다."
시편 19편 13절

"인자에 대하여 나쁘게 말하는 사람은 용서받을 수도 있다.
그러나 성령을 모욕하는 사람은
용서받지 못할 것이다."
누가복음 12장 10절

| 성경에서 찾아보기 |

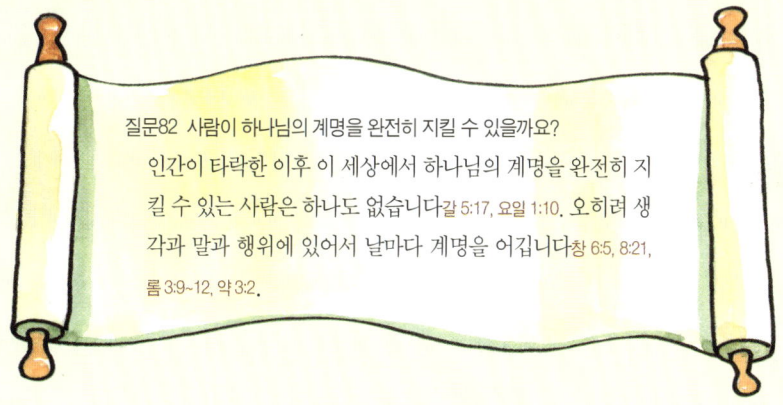

질문82 사람이 하나님의 계명을 완전히 지킬 수 있을까요?

인간이 타락한 이후 이 세상에서 하나님의 계명을 완전히 지킬 수 있는 사람은 하나도 없습니다갈 5:17, 요일 1:10. 오히려 생각과 말과 행위에 있어서 날마다 계명을 어깁니다창 6:5, 8:21, 롬 3:9~12, 약 3:2.

갈라디아서 5장 17절
육체의 욕망은 성령을 거스르고, 성령이 바라시는 것은 육체의 욕망을 거스릅니다. 이 둘은 서로 반대되는 것이므로, 여러분의 욕망대로 살 수 없게 합니다.

요한일서 1장 10절
우리가 계속 죄를 지은 적이 없다고 말한다면, 그것은 하나님을 거짓말쟁이로 만드는 것이며 우리는 하나님께서 주신 진리의 가르침을 받아들이지 않는 것입니다.

창세기 6장 5절
여호와께서 땅 위에 사람의 악한 행동이 크게 퍼진 것을 보셨습니다. 그리고 그들의 생각이 언제나 악할 뿐이라는 것도 아셨습니다.

창세기 8장 21절
여호와께서 그 제물을 기뻐 받으시고, 마음속으로 말씀하셨습니다. "다시는 사람 때문에 땅을 저주하지 않을 것이다. 사람의 생각은 어릴 때부터 악하지만, 이번처럼 땅 위의 모든 생물을 멸망시키는 일을 다시는 하지 않을 것이다."

로마서 3장 9~12절
그렇다면 과연 우리 유대인들에게 이방인들보다 나은 것이 있습니까? 전혀 없습니다. 이미 말했듯이, 유대인이나 이방인들이나 모두가 죄 아래 있습니다.
성경에 이렇게 기록되어 있습니다. "의인은 한 사람도 없다. 깨닫는 사람도 없고, 하나님을 찾는 사람도 없다. 모두가 곁길로 나가 하나같이 쓸모없게 되었다. 선한 일을 행하는 사람은 단 한 사람도 없다."

야고보서 3장 2절
우리는 모두 실수가 많은 사람들입니다. 말에 실수가 전혀 없는 사람이 있다면, 그 사람은 완벽한 사람일 것입니다. 그런 사람은 자신의 몸 전체를 다스릴 수 있는 사람입니다.

질문 84 모든 죄가 마땅히 받을 보응이 무엇인가요?

 모든 죄가 이 세상에서와 또 오는 세상에서 하나님의 진노와 저주를 받습니다.

로마서 1장 18절

"하나님의 진노가 하늘로부터 나타나서, 불의한 행동으로 진리를 거스르는 사람들이 행한 모든 경건치 않은 것과 불의를 치십니다."

로마서 6장 23절

"죄의 대가는 죽음이지만, 하나님의 선물은 우리 주 예수 그리스도 안에 있는 영생입니다."

질문 85

죄 때문에 마땅히 당할 하나님의 진노와 저주를 피하게 하시려고 하나님이 우리에게 명하시는 것은 무엇인가요?

답 죄 때문에 마땅히 당할 하나님의 진노와 저주를 피하도록 하시려고 하나님이 우리에게 요구하시는 것은 그리스도가 구속의 혜택을 우리에게 전달하는 데 사용하시는 모든 방법을 힘써 사용하면서, 예수 그리스도를 믿고 생명에 이르도록 회개하는 일입니다.

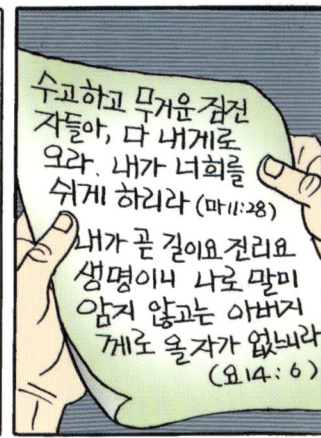

 마가복음 1장 15절

"때가 되었다. 하나님 나라가 가까이 왔다. 회개하고, 복음을 믿어라!"

요한복음 3장 16절

"이와 같이 하나님께서는 세상을 사랑하여 독생자를 주셨다. 이는 누구든지 그의 아들을 믿는 사람은 멸망하지 않고 영생을 얻게 하려 하심이다."

질문 86

예수 그리스도를 믿는다는 것은 무엇인가요?

 예수 그리스도를 믿는다는 것은 곧 구원의 은총입니다. 그러므로 우리는 복음 안에서 우리에게 주신 대로 구원을 얻기 위하여 예수님을 영접하고 그에게만 의지하는 것입니다.

잠언 3장 5절

"네 마음을 다하여 여호와를 신뢰하고, 절대로 네 슬기를 의지하지 마라."

요한복음 1장 12절

"그러나 누구든지 그분을 영접하는 사람들, 그분의 이름을 믿는 사람들에게는 하나님의 자녀가 되는 자격을 주셨습니다."

질문 87 생명에 이르는 회개란 무엇인가요?

생명에 이르는 회개 역시 구원의 은총입니다. 회개를 통해 죄인이 자기 죄를 바로 알고 또한 그리스도 안에서 하나님의 긍휼하심을 깨달아 자기 죄를 슬퍼하고 미워하며 그 죄에서 떠나 하나님께로 돌아가서 굳은 결심과 노력으로써 새롭게 순종하는 것입니다.

요엘 2장 13절

"옷을 찢지 말고 너희 마음을 찢어라. 너희 하나님 여호와께로 돌아오너라. 그분은 은혜롭고 자비로우시다. 그분은 쉽게 노하지 않으시고 사랑이 많으시며 벌을 내리지 아니하신다."

사도행전 2장 38절

"베드로는 이렇게 대답했습니다. '회개하고 여러분은 각각 예수 그리스도의 이름으로 세례를 받으십시오. 그러면 여러분의 죄는 용서받을 것이며, 성령을 선물로 받게 될 것입니다.'"

질문 88

그리스도가 우리에게 구속의 유익을 전하는 외적인 표현방법은 무엇인가요?

그리스도가 우리에게 구속의 유익을 전하는 외적인 표현방법은 그의 규례인데 특히 말씀과 성례와 기도를 의미합니다. 이 모든 것이 구원을 위하여 택함을 받은 자들에게 능력있는 것입니다.

마태복음 28장 20절

"내가 너희에게 말한 모든 것을 지키도록 가르쳐라. 보아라, 내가 너희와 세상 끝날까지 항상 함께 있겠다."

베드로후서 1장 10절

"형제 여러분, 하나님께서는 여러분을 부르시고 하나님의 백성으로 선택하셨습니다. 여러분은 자신이 하나님께 선택 받은 백성임을 남들이 알 수 있도록 힘써야 합니다."

이 사람은 누구일까요?

원래 이름은 사울입니다.
그리스도인을 박해하며 탄압하는 일에 앞장섰습니다.
아주 과격한 사람이었습니다.
그런데 다메섹이라는 동네로 가는 길에서 예수님을 만난 후 완전한 새 사람이 되었습니다. 자신의 삶을 주님께 드리고 이름도 바꾸고 사도로 부름을 받았지요. 이 사람은 누구일까요?

정답 바울

바로, 바울입니다.
바울은 예수님을 믿는 사람들을 핍박하러 가다가
예수님의 음성을 들었습니다.
그리고는 삼일 동안 앞을 보지 못했으며, 먹지도 마시지도 않았습니다.
예수님이 보내주신 아나니아를 통해서 시력이 다시 회복되었지요.
시력을 회복한 바울이 제일 먼저 한 일이 무엇이었을까요?
'세례'를 받았습니다.
예수 그리스도를 발견하고 자신을 향한 계획을 보았습니다.
즉시 삶의 방향을 바꾸고 주님의 계획에 순종하며 세 차례에 걸친 전도 여행을 통해 그리스도가 죽음에서 살아나심으로 우리의 죄를 모두, 영원히 용서해 주셨다는 '좋은 소식'을 세상에 전했습니다.
결국, 바울은 예수님의 지상사역에 동참한 적이 없지만, 예수님의 모습을 직접 보지는 못했지만, '사도'라 일컬음을 받습니다.

여러분은 오늘 하루 동안 무엇을 보았나요?
주님은 늘 옆에서 우리의 '갈 길'을 밝히 보여주십니다.
아직 제대로 보지 못했다면 지금 그 모습 그대로
옆으로, 뒤로, 눈을 돌려보세요.
고개를 좀 더 들어보세요.
분명히, 여러분이 가야 할 길이 보일 것입니다.

― 『별이 전하는 이야기』(가치창조) 중에서

| 성경에서 찾아보기 |

질문87 생명에 이르는 회개란 무엇인가요?

생명에 이르는 회개 역시 구원의 은총입니다행 11:18. 회개를 통해 죄인이 자기 죄를 바로 알고행 2:37 또한 그리스도 안에서 하나님의 긍휼하심을 깨달아욜 2:12 자기 죄를 슬퍼하고 미워하며 그 죄에서 떠나렘 31:18-19, 겔 36:31 하나님께로 돌아가서 굳은 결심과 노력으로써 새롭게 순종하는 것입니다사 1:16-17, 고후 7:10.

🌿 **사도행전 11장 18절**
할례받은 신자들은 베드로의 말을 다 듣더니 더 이상 할 말이 없어졌습니다. 그들은 하나님을 찬양하며, "이제 하나님께서는 이방인에게도 생명에 이르는 회개를 주셨다"라고 말했습니다.

🌿 **사도행전 2장 37절**
사람들은 이 말을 듣고 마음이 찔렸습니다. 그래서 베드로와 다른 사도들에게 "우리가 어떻게 하면 좋겠습니까?"라고 물었습니다.

🌿 **요엘 2장 12절**
여호와의 말씀이다. "지금이라도 너희의 온 마음을 다하여 내게 돌아오너라. 금식하고 울며 슬퍼하여라."

🌿 **예레미야 31장 18~19절**
내가 에브라임의 슬피 우는 소리를 분명히 들었다. '여호와여, 주께서 나를 벌하셨으므로 내가 교훈을 얻었습니다. 나는 길들여지지 않은 송아지와 같았습니다. 주는 나의 하나님 여호와시니 나를 돌이켜 주십시오. 내가 돌아가겠습니다.

나는 주님을 떠나 헤맸지만 이제는 뉘우치고 있습니다. 내 잘못을 깨달은 후에는 가슴을 치며 슬퍼했습니다. 내가 젊었을 때, 저지른 어리석은 짓 때문에 부끄럽고 수치스럽습니다.'

🌿 **에스겔 36장 31절**
그 때에 너희가 행하던 악한 길과 나쁜 일들을 기억하게 될 것이다. 내가 역겨워하는 못된 짓과 죄 때문에 너희는 스스로를 미워하게 될 것이다.

🌿 **이사야 1장 16~17절**
"너희는 몸을 씻어 깨끗이 하여라. 내가 보는 앞에서 하던 악한 짓을 멈추어라. 못된 짓을 그만두어라. 옳은 일을 배우고 정의를 찾아라. 억눌림받는 사람을 구해 주고, 재판에서 고아들을 지켜 주며, 과부들의 억울한 사정을 들어 주어라."

🌿 **고린도후서 7장 10절**
하나님의 뜻에 맞는 슬픔은 회개하여 구원에 이르게 하므로 후회할 것이 없습니다. 하지만 세상의 슬픔은 죽음에 이르게 합니다.

질문 89 하나님의 말씀에는 어떤 힘이 있어 우리가 구원을 얻게 하나요?

답: 하나님의 영은 하나님의 말씀을 읽는 것과 특히 설교를 영향력있는 도구로 삼아 죄인이 반성하고 회개하게 하시며, 또 믿음으로 말미암아 거룩함과 위로를 더하사 구원에 이르게 하십니다.

 시편 19편 7~8절

"여호와의 가르침은 완전하여, 사람에게 새 힘을 줍니다. 여호와의 법은 믿을 만하여, 어리석은 사람을 지혜롭게 합니다. 여호와의 율법은 올바르며, 사람들의 마음에 기쁨을 줍니다. 여호와의 명령은 맑고 깨끗하여, 사람의 눈을 밝혀 줍니다."

질문 90 하나님의 말씀이 우리를 구원에 이르게 하는 능력있는 것이 되게 하려면 우리가 말씀을 어떻게 읽고 들어야 할까요?

 하나님의 말씀이 구원에 이르게 하는 능력있는 것이 되게 하려면 우리가 부지런함과 준비와 기도를 통해 말씀에 열중하고, 말씀을 믿음과 사랑으로 받아들이고 우리 마음에 간직하며 생활에서 실천해야 합니다.

 시편 119편 11절

"내가 주의 말씀을 내 마음 속에 두었습니다. 내가 주께 죄를 짓지 않기 위해서입니다."

시편 119편 18절

"나의 눈을 열어주셔서 내가 볼 수 있게 하소서. 주의 법 안에 있는 놀라운 진리를 깨닫게 해 주소서."

질문 91 성례가 어떻게 구원의 능력있는 방법이 되나요?

 성례가 구원의 능력있는 방법이 되는 것은 성례 자체가 지니는 어떤 효능이나 그것들을 집례하는 사람의 어떤 덕에서 오는 것이 아니라, 그리스도의 축복과 또 성례를 믿음으로 받아들이는 사람 안에서 활동하시는 성령의 사역에 의한 것입니다.

마태복음 28장 19절

"그러므로 너희는 가서, 모든 민족을 제자로 삼아라. 아버지와 아들과 성령의 이름으로 세례를 주어라."

고린도전서 3장 7절

"그러므로 심는 사람이나 물을 주는 사람은 아무것도 아니지만, 자라게 하시는 분인 하나님은 중요합니다."

 ## 성례란 무엇인가요?

 성례는 그리스도께서 세우신 거룩한 예식입니다. 사람이 알 수 있는 표적들을 통하여 그리스도와 또 새 언약의 혜택이 믿는 자들에게 나타나고 보증되고 적용되는 것입니다.

 고린도전서 11장 26절

"여러분은 이 빵을 먹고, 잔을 마실 때마다 주님이 오실 때까지 주님의 죽으심을 전하십시오."

 신약의 성례는
무엇이 있나요?

 신약의 성례는 세례와 성찬(주의 만찬)입니다.

 베드로전서 3장 21절

"그 홍수는 이제 여러분을 구원하는 세례와 같은 것입니다. 몸을 깨끗하게 씻는 것이 아니라 선한 마음으로 하나님께 내 삶을 드리며 정결하게 살기를 약속하는 것입니다. 바로 이것을 위해 예수 그리스도께서 죽음에서 부활하셨습니다."

이런 사람이 되게
해 주세요.

아브라함은 '믿음의 조상' 이래요.
하나님의 말씀을 무조건 믿고 따랐던 사람이래요.
할아버지가 되어서 얻은 귀한 아들인
이삭을 하나님께서 바치라고 하셨을 때
저 같으면 절대 안 된다고 마구 떼를 썼을 거예요.
하지만 아브라함은 순종했어요.
또 하나님께서 정든 고향을 떠나라 하셨을 때도
저 같으면 제발 그냥 살게 해달라며 막 울었을 텐데
아브라함은 순종했어요.
저도 아브라함처럼 순종하는 사람이 될래요.
도와주세요.
예수님의 이름으로 기도합니다. 아멘.

| 성경에서 찾아보기 |

질문90 하나님의 말씀이 우리를 구원에 이르게 하는 능력있는 것이 되게 하려면 우리가 말씀을 어떻게 읽고 들어야 할까요?

하나님의 말씀이 구원에 이르게 하는 능력있는 것이 되게 하려면 우리가 부지런함과잠 8:34 준비와벧전 2:2 기도를 통해 말씀에 열중하고, 말씀을 믿음과 사랑으로 받아들이고히 4:2, 살후 2:10 우리 마음에 간직하며 생활에서 실천해야 합니다눅 8:15, 약 1:25.

잠언 8장 34절
내 말을 순종하는 자는 행복하다. 날마다 문간에서 기다리며, 내 문에서 기다리는 자는 복이 있다.

베드로전서 2장 2절
갓난 아기가 젖을 찾듯이 순결한 말씀을 사모하십시오. 그러면 여러분의 믿음이 자라나고 구원을 받게 될 것입니다.

히브리서 4장 2절
우리도 그들과 마찬가지로 복음을 들었습니다. 다만 그들은 복음을 들을 때에 그 말씀을 믿음으로 받지 않았기 때문에 유익을 얻지 못한 것입니다.

데살로니가후서 2장 10절
진리를 사랑하고 따르기를 거부한 사람들을 자기 편으로 끌어들이기 위해 온갖 꾀를 사용할 것입니다. 만약 이들이 진리를 따랐다면 구원받을 수도 있었을 것입니다.

누가복음 8장 15절
좋은 땅에 떨어진 것은 정직하고 선한 마음으로 하나님의 말씀을 듣고 그 말씀을 굳게 지켜서 좋은 열매를 맺는 사람들이다.

야고보서 1장 25절
그러나 사람을 자유케 하는 하나님의 완전한 법을 살피는 사람은 들은 것을 잊어 버리지 않고, 그 말씀대로 행하는 사람입니다. 이런 사람은 그 행하는 일에 복을 받을 것입니다.

질문 94 세례란 무엇인가요?

 세례는 물을 가지고 성부와 성자와 성령의 이름으로 씻는 성례입니다. 이것은 우리가 그리스도에게 접붙임이 되는 것과 은혜계약의 여러 가지 유익에 참여함과 우리가 주님의 사람이 되기로 약속하는 것을 의미하며 확증하는 것입니다.

 로마서 6장 4절

"그러므로 우리가 죽음에 이르는 세례를 받음으로 그리스도와 함께 묻힌 것은, 그리스도께서 아버지의 영광으로 죽은 자들 가운데서 살아나실 것처럼, 우리도 새 생명 가운데서 살기 위함입니다."

갈라디아서 3장 27절

"여러분은 모두 세례를 받아 그리스도와 연합하였으며, 그리스도로 옷을 삼아 입었습니다."

질문 95 세례는 누구에게 베풀 수 있나요?

 세례를 교회 밖에 있는 사람에게 베풀어서는 안 됩니다. 그리스도를 믿고 그에게 순종하겠다고 고백을 한 사람에게만 비로소 베풀게 됩니다. 또 믿는 사람의 아기들에게도 세례를 베풀 수 있습니다.

사도행전 2장 39절
"이것은 여러분과 여러분의 자녀뿐만 아니라, 먼 곳에 떨어져 사는 사람들, 즉 주 우리 하나님께서 부르시는 사람들에게 주시는 약속입니다."

사도행전 8장 36절
"그들이 길을 가다가 물이 있는 곳에 이르자 내시가 말했습니다. '보십시오. 여기 물이 있습니다. 제가 세례를 받는 데 장애될 만한 것이 있습니까?'"

질문 96 성찬이란 무엇인가요?

성찬은 성례의 하나로 그리스도가 정하신 대로 떡과 포도즙을 주고 받음으로써 그리스도의 죽으심을 나타내 보이는 예식입니다. 이 성례를 합당하게 받는 자들은 육체적인 욕심을 따르는 자가 아니라 믿음에 의한 자로서 그리스도인의 몸과 피에 참여하는 자가 되며 그의 모든 혜택을 받고 은혜 가운데서 영적인 양육과 성장을 얻게 됩니다. 하나님을 영화롭게 하는 것과 그를 영원토록 즐거워 하는 것입니다.

 누가복음 11장 19~20절

"만일 내가 바알세불에게 빌어서 마귀를 쫓아 내면, 너희 자녀들은 무엇을 가지고 마귀를 쫓아 내느냐? 그러므로 그들이 너희의 말이 틀렸다는 것을 증명하고 있다."

질문 97

주의 성찬에
합당하게 참여하려면
어떻게 해야 할까요?

주의 성찬에 합당하게 참여하려면 반드시 주님의 몸을 분별할 줄 아는 지혜와 주님을 양식으로 삼는 믿음과 회개와 사랑과 새로운 복종심이 자기에게 있는지 없는지를 살펴보아야 합니다. 혹시 부당하게 참여하여 먹고 마심으로 인해 정죄를 가져오지 않을까 염려되기 때문입니다.

 고린도전서 11장 27절

"그러므로 누구든지 합당하지 않은 태도로 빵을 먹거나 주님의 잔을 마시는 사람은 주님의 몸과 피를 범하는 죄를 짓는 것입니다."

고린도전서 11장 28절

"각 사람은 자신을 점검한 후에 빵을 먹고 잔을 마셔야 합니다."

질문 98 기도란 무엇인가요?

 기도는 우리의 소원을 하나님께 아뢰는 일입니다. 우리의 죄를 고백하며 그리스도의 자비를 감사한 마음으로 인정하면서 하나님의 뜻에 맞는 것들을 그리스도의 이름으로 아뢰는 것입니다.

요한복음 16장 23절

"전에는 너희가 내게 아무것도 구하지 않았다. 내가 너희에게 진리를 말한다. 너희가 내 이름으로 아버지께 무엇이든지 구하면, 그분이 너희에게 주실 것이다."

빌립보서 4장 6절

"걱정하지 말고 필요한 것을 하나님께 구하고 아뢰십시오. 감사하는 마음으로 하나님께 말씀 드리십시오."

| 내가 꾸미는 한 컷 |

성경에는 이렇게~

식사 때에 예수님께서는 빵을 들어 감사기도를 드리시고
그것을 떼어 제자들에게 주시며 말씀하셨습니다.
"받아 먹어라. 이것은 내 몸이다."
또한 예수님께서 잔을 들어 감사드리신 후
그것을 제자들에게 주시며 말씀하셨습니다.
"받아 먹어라. 이것은 내 몸이다."

마태복음 26장 26~27절

| 성경에서 찾아보기 |

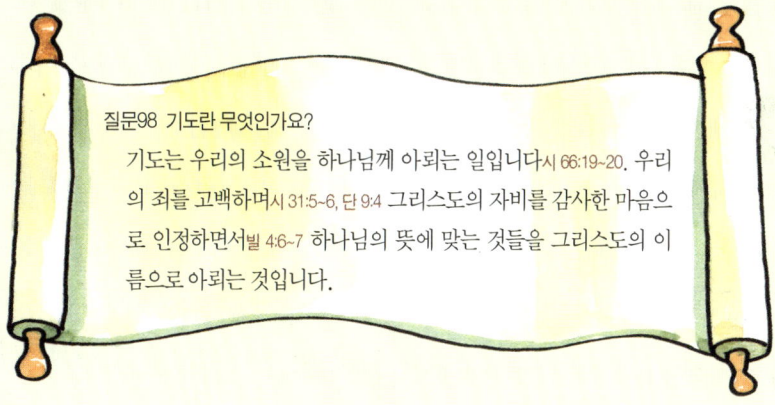

질문98 기도란 무엇인가요?
　　기도는 우리의 소원을 하나님께 아뢰는 일입니다 시 66:19~20. 우리의 죄를 고백하며 시 31:5~6, 단 9:4 그리스도의 자비를 감사한 마음으로 인정하면서 빌 4:6~7 하나님의 뜻에 맞는 것들을 그리스도의 이름으로 아뢰는 것입니다.

🌱 **시편 66편 19~20절**
그러나 하나님은 들으셨습니다. 하나님께서 내 기도를 들으신 것입니다. 하나님을 찬양하십시오. 그분은 내 기도를 거절하지 않으셨습니다. 그분은 나를 향한 사랑을 멈추지 않으셨습니다.

🌱 **시편 31편 5~6절**
주님의 손에 내 목숨을 맡기오니 오 주님, 진리의 하나님이시여, 나를 구해 주소서.
나는 쓸모없는 우상들에 매달리는 자들을 경멸하고, 오직 여호와를 굳게 믿습니다.

🌱 **다니엘 9장 4절**
하나님 여호와께 죄를 고백하였다. "주 하나님, 주는 크고 두려운 하나님이십니다. 주는 주를 사랑하고 주의 계명에 복종하는 모든 사람에게 사랑의 언약을 지켜 주십니다."

🌱 **빌립보서 4장 6~7절**
걱정하지 말고 필요한 것을 하나님께 구하고 아뢰십시오. 감사하는 마음으로 하나님께 말씀드리십시오.
그러면 우리 주 예수 그리스도 안에서 그 어느 누구도 측량할 수 없는 평안이 여러분의 마음과 생각 가운데 풍성히 임할 것입니다.

질문 99 하나님께서 우리에게 주신 기도의 지침은 없나요?

 하나님의 모든 말씀이 우리에게 유용한 기도의 지침이지만 그중에서도 특별한 지침은 그리스도께서 그 제자들에게 가르쳐 주신 기도로, 보통 '주기도문'이라고 말합니다.

 마태복음 6장 9~13절

"그러므로 이렇게 기도하여라. 하늘에 계신 우리 아버지, 아버지의 이름이 거룩하게 여김을 받으소서. 아버지의 나라가 이루어지게 하소서. 아버지의 뜻이 하늘에서처럼 이 세상에서도 이루어지게 하소서. 오늘 우리에게 필요한 양식을 주소서. 우리에게 잘못한 사람을 우리가 용서해 준 것처럼 우리의 죄를 용서하여 주소서. 우리들을 시험에 빠지지 않게 하시고, 악으로부터 구원해주소서.' (아버지는 나라와 권세와 영광을 가지고 계십니다. 아멘)"

질문 100 주기도문의 서문이 우리에게 가르쳐 주는 것은 무엇인가요?

 주기도문의 서문 곧 "하늘에 계신 우리 아버지"는 자녀가 아버지에게 나아가듯이 언제라도 도와주실 능력이 있는 하나님께 우리가 거룩한 모든 공경심과 확신을 가지고 가까이 나아갈 것과 우리가 다른 사람들과 함께 기도하고 또한 다른 사람들을 위하여 기도할 것을 가르쳐 주십니다.

마태복음 7장 11절

"비록 너희가 나쁜 사람이라 할지라도, 자녀에게 좋은 것을 주려고 하는데, 하물며 하늘에 계신 너희 아버지께서 구하는 사람에게 좋은 것을 주시지 않겠느냐?"

로마서 8장 15절

"여러분이 받은 성령은 여러분을 다시 두려움에 이르게 하는, 노예로 만드는 영이 아니라 여러분을 하나님의 자녀가 되게 하는 영이십니다. 그래서 우리는 그 성령을 의지하여 '아바, 아버지'라고 부를 수 있는 것입니다."

질문 101 주기도문의 첫째 기원에서 우리는 무엇을 기도하나요?

 주기도문의 첫째 기원 즉 "아버지의 이름이 거룩하게 여김을 받으소서"라는 구절에서 우리는 하나님께서 자기를 나타내시는 모든 일에 우리와 다른 사람들로 하여금 그를 영화롭게 하고 또한 모든 것을 하나님 자신의 영광이 되도록 인도해 주시기를 구하는 것입니다.

마태복음 5장 16절

"너희 빛을 사람들에게 비춰라. 그래서 사람들이 너희의 선한 행동을 보고 하늘에 계신 너희 아버지께 영광을 돌리게 하여라."

로마서 11장 36절

"이는 모든 것이 하나님께로부터 나왔고, 하나님의 보살핌으로 보존되며, 하나님의 영광을 위해 존재하기 때문입니다. 하나님께 영광이 영원토록 있기를 원합니다. 아멘."

질문 102 주기도문의 둘째 기원에서 우리는 무엇을 기도하나요?

답

주기도문의 둘째 기원 즉 "아버지의 나라가 이루어지게 하소서"라는 구절에서 우리는 사탄의 나라가 멸망하고 은혜의 나라가 부흥하여 우리 모두 은혜의 나라에 들어가 항상 거하게 하시고 또한 영광의 나라가 속히 이루어지게 하여 주시기를 구하는 것입니다.

마태복음 6장 33절

"먼저 아버지의 나라와 아버지의 의를 구하여라. 그러면 이 모든 것들이 너희에게 덤으로 주어질 것이다."

요한계시록 22장 20절

"이 모든 것을 증언하신 분, 예수님께서 말씀하십니다. '그렇다, 내가 속히 가겠다.' 아멘. 주 예수여, 어서 오소서!"

질문 103. 주기도문의 셋째 기원에서 우리는 무엇을 기도하나요?

주기도문의 셋째 기원 즉 "아버지의 뜻이 하늘에서처럼 이 세상에서도 이루어지게 하소서"라는 구절에서 우리는 하나님께서 은혜를 베풀어 우리가 능히 기꺼운 마음으로 범사에 그의 뜻을 알아 순종하고 복종하기를 하늘에서 천사들이 그렇게 행함과 같이 하여 주시기를 구하는 것입니다.

시편 119편 18절
"나의 눈을 열어주셔서 내가 볼 수 있게 하소서. 주의 법 안에 있는 놀라운 진리를 깨닫게 해 주소서."

마태복음 26장 42절
"예수님께서 다시 가셔서 두 번째 기도를 하셨습니다. 나의 아버지여, 이것이 제게서 지나갈 수 없고, 제가 마셔야만 한다면, 아버지의 뜻대로 되기를 기도합니다."

 한컷 묵상

> 예수님도 겟세마네 동산에서 〈내 원대로 마시옵고 아버지의 원대로 하옵소서〉 하고 십자가를 지심으로 구원의 큰 뜻을 마침내 이루신 거야.

그렇구나!

예수님께서 기도하셨습니다.
"아바, 아버지! 아버지께서는 모든 것을
하실 수 있으시니, 이 잔을 없애 주십시오.
그러나 제 뜻대로 하지 마시고
아버지의 뜻대로 하십시오."

마가복음 14장 36절

| 성경에서 찾아보기 |

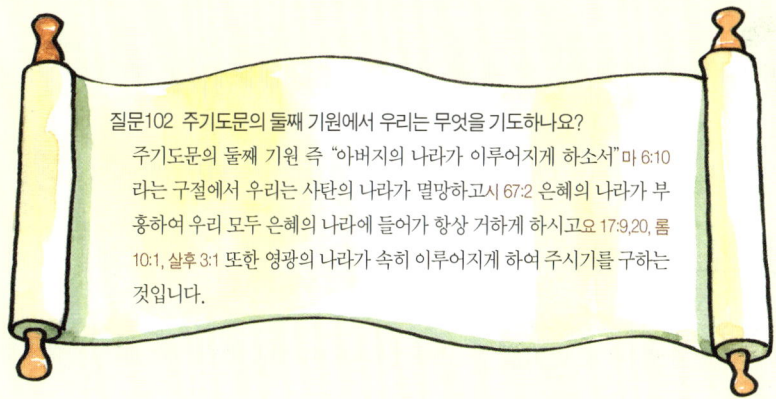

질문102 주기도문의 둘째 기원에서 우리는 무엇을 기도하나요?
주기도문의 둘째 기원 즉 "아버지의 나라가 이루어지게 하소서" 마 6:10 라는 구절에서 우리는 사탄의 나라가 멸망하고시 67:2 은혜의 나라가 부흥하여 우리 모두 은혜의 나라에 들어가 항상 거하게 하시고요 17:9,20, 롬 10:1, 살후 3:1 또한 영광의 나라가 속히 이루어지게 하여 주시기를 구하는 것입니다.

🌿 **마태복음 6장 10절**
아버지의 나라가 이루어지게 하소서. 아버지의 뜻이 하늘에서처럼 이 세상에서도 이루어지게 하소서.

🌿 **시편 67편 2절**
그러시면 주의 길이 세상에 널리 알려지게 되고 주의 구원이 모든 나라들에게 전파될 것입니다.

🌿 **요한복음 17장 9절**
이제 저는 그들을 위하여 기도합니다. 세상 사람을 위해서가 아니라 아버지께서 제게 주신 자를 위해 기도합니다. 그것은 그들이 아버지의 것이기 때문입니다.

🌿 **요한복음 17장 20절**
저는 이 사람들을 위해서만 기도하는 것이 아니라, 이 사람들이 전하는 말을 듣고 저를 믿는 사람들을 위해서도 기도합니다.

🌿 **로마서 10장 1절**
성도 여러분, 나는 내 동족 이스라엘 백성이 구원 받을 수 있기를 하나님께 진심으로 갈망하며 기도합니다.

🌿 **데살로니가후서 3장 1절**
형제 여러분, 우리를 위해 기도해 주십시오. 주님의 말씀이 하루 빨리 전해지도록 기도하시기 바랍니다. 여러분이 그런 것처럼, 다른 사람들도 우리 주님의 말씀을 기뻐하며 주님을 높여 드릴 수 있도록 기도하십시오.

질문 104 주기도문의 넷째 기원에서 우리는 무엇을 기도하나요?

주기도문의 넷째 기원 즉 "오늘 우리에게 필요한 양식을 주소서"라는 구절에서 우리는 값없이 주는 하나님의 은혜로 이 세상의 좋은 것들 중에서 충분한 몫을 받고 그 모든 것과 아울러 그의 축복을 누리게 해 주실 것을 구하는 것입니다.

잠언 30장 8절

"곧 허황한 거짓말을 내게서 멀리하여 주시고, 가난도 부함도 허락하지 마시고, 오직 일용할 양식만 주소서."

고린도전서 10장 31절

"그러므로 여러분은 먹든지 마시든지, 무엇을 하든지, 모든 것을 하나님의 영광을 위해 하십시오."

질문 105 주기도문의 다섯째 기원에서 우리는 무엇을 기도하나요?

주기도문의 다섯째 기원 즉 "우리에게 잘못한 사람을 우리가 용서해 준 것처럼 우리의 죄를 용서하여 주소서"라는 구절에서 우리는 그리스도로 인하여 우리의 모든 죄를 값없이 용서하여 주옵소서 하고 간구합니다. 우리가 주의 은혜를 힘입어 진심으로 다른 사람들을 용서하여 주었을 때 우리는 더욱 용서를 구할 용기를 갖게 되는 것입니다.

마태복음 6장 14절

"만일 너희가 다른 사람의 잘못을 용서하면, 하늘에 계신 너희 아버지께서도 너희의 죄를 용서해 주실 것이다."

에베소서 1장 7절

"그리스도 안에서 우리는 그의 보혈로 자유함을 얻었습니다. 또한 하나님의 풍성한 은혜로 죄사함도 받았습니다."

 **질문 106** 주기도문의 여섯째 기원에서 우리는 무엇을 기도하나요?

답 주기도문의 여섯째 기원은 즉 "우리들을 시험에 빠지지 않게 하시고, 악으로부터 구원해 주소서" 하는 것으로, 이것은 하나님께서 우리를 범죄에 이르는 시험에 들지 않게 하시고 또 우리가 시험을 당하였을 때 우리를 도와주시고 구하여 주시기를 간구하는 것입니다.

시편 51편 12절
"주의 구원에 대한 기쁨을 내게 다시 주서서 내가 주께 순종하게 하소서."

마태복음 26장 41절
"깨어서 너희가 시험에 빠지지 않도록 기도하여라. 영은 원하지만 육체가 약하구나."

질문 107 주기도문의 결론이 우리에게 가르쳐 주시는 것은 무엇인가요?

주기도문의 끝맺는 말 즉 "아버지는 나라와 권세와 영광을 가지고 계십니다. 아멘"이라고 한 기도는 우리가 기도할 때에 하나님께로부터만 용기를 얻고 또한 기도 중에서 나라와 권세와 영광을 하나님께 돌리면서 그를 찬송해야 한다는 것입니다. 우리의 소원을 아뢰며 그것을 하나님께서 들어주시리라고 확신하면서 우리가 '아멘' 하고 말하는 것입니다.

역대상 29장 11절

"여호와여, 여호와는 위대하시고 능력이 많으시며, 영광과 승리와 위엄이 주의 손에 있나이다. 하늘과 땅의 모든 것이 주의 것이고, 나라도 주의 것입니다. 여호와여, 주는 모든 것을 다스리시는 분이십니다."

역대상 29장 13절

"우리 하나님 감사합니다. 주의 영광스런 이름을 찬양합니다."

굶주리는 사람들을 위한 기도

하나님, 오늘 교회에서 선생님이 틀어주신 비디오를 보았어요.
아프리카에 있는 친구들이 배가 고파서 죽어가고 있었어요.
배만 볼록 나온 채 간신히 숨을 쉬고 있는 아이들을 보니
어제 밥을 먹다가 배가 부르다며
엄마 몰래 쓰레기통에 버렸던 게 생각이 났어요.
제 눈에서 눈물이 막 흘렀어요.
그 아이들에게 너무나 미안한 마음이 들고 큰 죄를 지은 것만 같았어요.
하나님, 밥을 먹지 못해 굶주리다 못해
죽어가는 사람들이 없게 해 주세요.
앞으로 저는 절대 음식을 남기거나 버리지 않을 거예요.
하나님, 불쌍한 아이들을 도와주세요.
예수님의 이름으로 기도합니다. 아멘.

| 성경에서 찾아보기 |

질문105 주기도문의 다섯째 기원에서 우리는 무엇을 기도하나요?

주기도문의 다섯째 기원 즉 "우리에게 잘못한 사람을 우리가 용서해 준 것처럼 우리의 죄를 용서하여 주소서" 마 6:12 라는 구절에서 우리는 그리스도로 인하여 우리의 모든 죄를 값없이 용서하여 주옵소서 하고 간구합니다 시 50:3,6, 단 9:17~19. 우리가 주의 은혜를 힘입어 진심으로 다른 사람들을 용서하여 주었을 때 우리는 더욱 용서를 구할 용기를 갖게 되는 것입니다 마 18:35, 눅 11:4.

마태복음 6장 12~13절
우리에게 잘못한 사람을 우리가 용서해 준 것처럼 우리의 죄를 용서하여 주소서. 우리들을 시험에 빠지지 않게 하시고, 악으로부터 구원해 주소서.

시편 50편 3절
우리 하나님이 오실 때에 가만히 계시지 않을 것입니다. 불길이 하나님 앞에서 타오르고 사나운 바람이 하나님을 둘러쌀 것입니다.

시편 50편 6절
그러자 하늘들이 하나님의 의로우심을 선포합니다. 그것은 하나님 자신이 재판관이시기 때문입니다.

다니엘 9장 17~19절
"우리 하나님, 이제 주의 종의 기도와 간절한 부탁을 들어 주십시오. 주를 위해 폐허가 된 주의 성전을 다시 일으켜 주십시오. 나의 하나님, 내 말을 귀 기울여 들어주시고, 눈을 떠서 우리에게 닥친 끔찍한 일을 봐 주십시오. 우리가 도움을 받을 만해서가 아니라 오직 주님의 자비하심을 의지해서 구합니다. 주여, 들어 주십시오. 주여, 용서해 주십시오. 주여, 들으시고 이루어 주십시오. 주를 위해서 늦추지 마십시오. 왜냐하면 이 곳은 주의 성이고 우리는 주의 백성이기 때문입니다."

마태복음 18장 35절
이와 같이 너희가 형제를 마음으로부터 용서하지 않는다면, 하늘에 계신 내 아버지께서도 너희에게 이같이 하실 것이다.

누가복음 11장 4절
우리가 우리에게 빚진 모든 사람을 용서하오니, 우리의 죄도 용서하여 주소서. 그리고 우리를 시험에 빠지지 않게 하소서.

Westminster 소요리문답 정리

문1. 사람의 가장 크고 우선되는 목적은 무엇일까요?
답 사람의 가장 크고 우선되는 목적은 하나님께 영광을 돌리고 하나님을 영원토록 기쁘시게 해드리는 것이랍니다.

문2. 어떻게 하면 하나님께 영광을 돌리고 또 하나님을 기쁘시게 해드릴 수 있을까요? 하나님께서 알려주신 방법은 없나요?
답 하나님께 영광을 돌리고 하나님을 기쁘시게 해드리는 방법을 우리에게 가르쳐 주는 유일한 것은 구약 성서와 신약 성서에 들어있는 하나님의 말씀입니다.

문3. 성경이 주로 가르치는 것은 무엇인가요?
답 성경은 사람이 하나님을 어떻게 믿어야 하는지, 하나님께서 사람에게 요구하시는 것이 무엇인지를 가르쳐 줍니다.

문4. 하나님은 어떤 분이신가요?
답 하나님은 그 존재, 지혜, 능력, 거룩, 공의, 선하심 그리고 진리에 있어서 끝이 없고, 영원 불변한 유일한 신이십니다.

문5. 하나님 한 분 외에 다른 하나님이 계실까요?
답 살아계신 참 하나님 한 분밖에는 계시지 않습니다.

문6. 하나님의 신격에는 몇 위가 있을까요? (삼위일체란?)
답 하나님의 신격으로 성부, 성자, 성령의 삼위가 있는데, 이 삼위가 한 하나님입니다. 본질이 같고, 능력과 영광이 동등합니다.

문7. 하나님의 '예정' 이란 무엇인가요?
답 하나님의 예정이란 하나님의 뜻하시는 바를 따라 정하신 그분의 영원한 목적이며, 이 목적에 의하여 하나님은 자기의 영광을 위하여서 장차 일어날 모든 것을 미리 정해 놓으셨다는 것입니다.

문8. 하나님이 그 예정을 어떻게 실행하실까요?
답 하나님은 창조와 섭리의 사역으로 그 예정을 실행하십니다.

문9. 창조의 사역이란 무엇인가요?
답 창조의 사역이란 하나님이 하나님의 능력의 말씀에 의하여 엿새 동안에 아무것도 없는 중에서 만물을 지으신 것인데, 하나님이 보시기에 매우 좋게 지으셨답니다.

문10. 하나님은 사람을 어떻게 만드셨나요?
답 남자와 여자를 만드셨는데, 하나님의 형상대로 만들어 지혜와 거룩함이 있게 하셨고 만물들을 다스리게 하셨습니다.

문 11. 하나님의 섭리의 사역이 무엇인가요?
답 하나님의 섭리의 사역이란, 하나님께서 지극히 거룩하고 지혜로운 능력으로 모든 창조물을 지키고 다스리시는 일입니다.

문12. 사람이 지음을 받았을 때 하나님은 그에게 어떠한 특별한 섭리를 행하셨나요?

답 하나님은 사람을 만드셨을 때 완전히 순종할 것을 조건으로 사람과 더불어 생명의 언약을 맺고 선악을 알게 하는 나무의 열매(실과)를 먹지 말도록 금하시면서 만약 먹을 경우 죽음의 고통이 따를 것이라고 하셨습니다.

문13. 우리의 첫 조상은 창조된 그때의 신분을 그대로 유지했나요?

답 우리의 첫 조상은 자신의 의지와 자유를 누릴 수 있었으나 하나님께 죄를 범함으로써 창조함을 받은 상태에서 타락하였습니다.

문14. 죄란 무엇인가요?

답 죄는 하나님의 법을 순종함에 있어 조금이라도 부족하거나 그 법을 어기는 것입니다.

문15. 우리의 조상이 처음 창조되었던 상태에서 타락한 원인이 되는 죄는 무엇이었나요?

답 그 죄는 그들이 하나님께서 금하신 선악과 열매를 먹은 일입니다.

문16. 아담의 첫 범죄로 모든 인류가 타락하였나요?

답 아담으로 더불어 맺어진 언약은 그 자신만을 위한 것이 아니라 그의 후손까지 위한 것이기 때문에 그에게로부터 내려오는 온 인류는 그의 첫 범죄에 참여하여 함께 죄를 지은 것이며 그와 함께 타락하였습니다.

문17. 그 타락은 인류를 어떠한 상태에 빠지게 하였나요?

답 그 타락이 인류를 죄의 비참한 상태에 빠지게 하였습니다.

문18. 타락한 상태에서 사람의 죄성은 어떻게 구성되나요?

답 타락한 상태에서 사람의 죄성은, 아담의 첫 범죄의 허물과 근본적으로 의가 없는 것과 그의 온 성품이 부패한 것인데, 이것을 일반적으로 원죄라고 하며, 이 원죄로부터 나오는 실제적인 모든 죄를 포함하여 구성된 것입니다.

문19. 사람이 타락하여 어떻게 비참해졌나요?

답 모든 인류는 그들의 타락으로 말미암아 하나님과의 교제가 끊어졌으며 그분의 진노와 저주 아래 있게 되어 일생을 온갖 슬픔 속에서 지내며, 죽은 후 지옥의 영원한 고통을 당하는 벌을 받게 되었습니다.

문20. 하나님께서 모든 사람을 죄의 비참한 상태에서 멸망하도록 내버려 두셨나요?

답 하나님께서 홀로 선하신 그분의 뜻대로 영원 전부터 택한 자들을 영생으로 이끄시고, 은혜의 언약을 세워 한 구속자로 말미암아 그들을 죄의 비참한 상태에서 건져내어 구원의 자리에 이르도록 하셨습니다.

Westminster 소요리문답 정리

문21. 하나님께서 선택하신 자들의 구속자는 누구인가요?

답 하나님께서 선택하신 자들의 구속자는 주 예수 그리스도이십니다. 그는 영원하신 하나님의 아들로서 사람이 되셨습니다. 그는 영원토록 하나님이시면서 또한 사람입니다. 그는 두 가지 성품을 지니면서도 한 인격체인 분입니다.

문22. 하나님의 아들이신 그리스도가 어떻게 사람이 되셨나요?

답 하나님의 아들이신 그리스도가 육신과 영혼을 스스로 가짐으로써 사람이 되셨으며, 성령의 능력에 의하여 동정녀 마리아에게 잉태되어 그에게서 탄생하셨으나 죄는 없으십니다.

문23. 그리스도가 우리의 구속자로서 하시는 직무가 무엇인가요?

답 우리의 구속자이신 그리스도는 선지자와 제사장과 왕의 직분들을 수행하시되, 낮아지시고 높아지신 두 상태에서 수행하십니다.

문24. 그리스도가 예언자의 직무를 어떻게 실행하시나요?

답 그리스도는 우리를 구원하시기 위한 하나님의 뜻을 그의 말씀과 영으로 말미암아 우리에게 나타내심으로써 예언자의 직무를 실행하십니다.

문25. 그리스도가 제사장의 직무를 어떻게 실행하시나요?

답 그리스도는 하나님의 공의를 만족시키시고, 우리를 하나님과 더불어 화목하게 하기 위하여 단번에 자신을 희생의 제물로 바치신 일과 우리를 위하여 항상 간구하심으로써 제사장의 직무를 실행하십니다.

문26. 그리스도가 왕의 직무를 어떻게 실행하시나요?

답 그리스도는 우리를 자기에게 복종하게 하시고, 우리를 다스리시며 지켜주시고, 그와 우리의 모든 원수들을 물리치시고 정복하심으로써 왕의 직무를 실행하십니다.

문27. 그리스도는 어떻게 낮아지셨나요?

답 그리스도는 비천한 상태로 태어나시고, 율법 아래 복종하시며, 이 세상에서의 참담함과, 하나님의 진노와, 십자가 위에서 저주의 죽음을 당하신 일과, 장사 지낸 바 되어 얼마동안 사망의 권세 아래 남아 거하심으로써 낮아지셨습니다.

문28. 그리스도는 어떻게 높아지셨나요?

답 그리스도는 사흘 만에 죽음에서 다시 살아나신 것과, 하늘로 올라가신 것과, 하나님 아버지의 우편에 앉아 계시는 것과, 마지막 날에 세상을 심판하시러 오심으로 높아지십니다.

문29. 우리가 어떻게 그리스도가 값주고 사신 그 구속에 참여자가 되나요?

답 성령이 우리를 이끌어 주심으로 인해 그리스도가 값주고 사신 그 구속에 참여자가 되는 것입니다.

문30. 성령은 그리스도의 값주고 사신 구속을 우리에게 어떻게 적용하시나요?

답 성령은 우리 안에서 그가 역사하시는 믿음으로 그리스도에 의하여 성취된 구속을 우리에게 적용시키며, 또 효력있는 부르심으로 우리를 그리스도와 하나되게 하십니다.

문31. 효력있는 부르심이란 무엇인가요?

답 효력있는 부르심은 하나님의 영이 하시는 일로, 우리의 죄를 깨닫게 하시고, 또 우리의 마음을 밝혀 그리스도를 알게 하시고, 우리의 의지를 새롭게 하시고, 우리를 권하사 능히 복음 중에 값없이 주시는 예수 그리스도를 믿도록 하시는 것입니다.

문32. 효력있는 부르심을 받은 자들은 이 세상에서 무슨 유익이 있나요?

답 효력있는 부르심을 받은 자들은 이 세상에서 의롭다 함을 얻고, 하나님의 양자가 되며, 거룩하게 함을 받게 됩니다. 또한 이것과 더불어 여러 유익이나 또는 여기서 나오는 유익들을 얻게 됩니다.

문33. 의롭다 함이란 무엇인가요?

답 의롭다 함은 하나님이 값없이 주시는 은혜로서, 하나님이 우리의 모든 죄를 용서하시고, 그가 보시기에 의로운 자로 우리를 받아주시는 것입니다. 그것은 오직 그리스도의 의를 우리에게 돌려주시는 것이며 우리는 오직 믿음으로 그 의를 받을 수 있습니다.

문34. 양자로 삼는다는 것이 무엇인가요?

답 양자로 삼는다는 것은 하나님이 값없이 주시는 은혜로서, 이로 인해 우리가 하나님의 자녀로 인정되며 그 모든 특권으로 인한 권리를 누리게 되는 것입니다.

문35. 거룩하게 하시는 것이 무엇인가요?

답 거룩하게 하시는 것은 하나님이 값없이 주시는 은혜로서, 우리가 하나님의 형상을 닮아 인격이 새롭게 회복되는 것이며, 점차 죄에 대해서는 죽고 의에 대해서는 살게 되는 것입니다.

문36. 이 세상에서 의롭다 함과 양자 삼으심과 거룩하게 하심으로 인하여 함께 받게 되거나 또는 여기서 나오는 유익들은 무엇인가요?

답 이 세상에서 의롭다 함과 양자 삼으심과 거룩하게 하심으로 인하여 함께 받거나 여기서 나오는 유익들은, 하나님의 사랑을 확실히 아는 것과 마음이 평안한 것과 성령 안에서 얻는 기쁨과 풍성한 은혜와 끝까지 굳게 참는 인내입니다.

Westminster 소요리문답 정리

문37. 신자가 죽을 때 그리스도로부터 어떤 혜택을 받나요?

답 신자의 영혼은 그들이 죽을 때에 완전히 거룩하게 되어 즉시 영광 중에 들어가고, 그들의 육신은 여전히 그리스도께 연합하여 부활 때까지 그들의 무덤에서 쉬게 되는 혜택을 받습니다.

문38. 신자가 부활할 때 그리스도로부터 어떤 혜택을 받나요?

답 부활할 때에 신자들은 영광 중에 들림을 받고, 심판 날에 공개적으로 인정을 받으며, 무죄선고를 받고 영원토록 하나님의 충만하신 즐거움 안에서 완전한 축복을 누리게 됩니다.

문39. 하나님께서 사람에게 요구하시는 의무가 무엇인가요?

답 하나님께서 사람에게 요구하시는 의무는, 그 뜻에 복종하는 것입니다.

문40. 하나님께서 복종의 규칙으로 사람에게 처음 나타내 보이신 것은 무엇인가요?

답 하나님께서 복종의 규칙으로 사람에게 처음 나타내 보이신 것은 도덕법입니다.

문41. 도덕법은 어디에 요약되어 있나요?

답 도덕법은 십계명에 요약되어 있습니다.

문42. 십계명의 최고 원칙은 무엇인가요?

답 십계명의 원칙은 "네 모든 마음과 모든 목숨과 모든 정성을 다해서, 네 하나님을 사랑하여라" 그리고 "네 이웃을 네 자신처럼 사랑하여라" 하신 것입니다.

문43. 십계명의 머리말은 무엇인가요?

답 십계명의 머리말은 "나는 너희가 종살이하던 이집트 땅에서 너희를 인도해낸 너희의 여호와 하나님이다" 입니다.

문44. 십계명의 머리말이 우리에게 가르쳐 주는 것이 무엇인가요?

답 십계명의 머리말이 우리에게 가르쳐 주는 것은 하나님은 주님이시요 우리의 하나님이시며 구속자이시므로 우리는 마땅히 그의 모든 계명을 지켜야 한다는 것입니다.

문45. 제1계명은 무엇인가요?

답 제1계명은 "너희는 나 외에는 다른 신들을 두지 마라" 입니다.

문46. 제1계명에서 명하는 것이 무엇인가요?

답 제1계명에서 우리에게 명하는 것은 하나님은 유일하신 참 하나님이 되심과 우리의 하나님이 되심을 알고 인정하여 그에게 경배하며 따라서 그를 영화롭게 하는 것입니다.

문47. 제1계명이 금하는 것이 무엇인가요?
답 제1계명이 금하는 것은 참 하나님이 하나님이 되심과 또한 우리의 하나님이 되심을 부인하며 경배하지 않고 영화롭게도 하지 않는 것과, 그분에게만 드리기에 합당한 경배와 영광을 다른 것에 드리는 것입니다.

문48. 제1계명에 있는 "나 외에"라는 말이 우리에게 특별히 가르치는 것은 무엇인가요?
답 모든 것을 보시는 하나님이 다른 신을 섬기는 죄를 대단히 불쾌하게 여기신다는 것입니다.

문49. 제2계명은 무엇인가요?
답 제2계명은 "너희는 우상을 만들지 마라. 위로 하늘에 있는 것이나, 아래로 땅에 있는 것이나, 땅 아래로 물 속에 있는 것의 그 어떠한 모양도 만들지 마라. 어떤 우상에게도 예배하거나 섬기지 마라. 나 여호와 너희 하나님은 질투하는 하나님이다. 나에게 죄를 짓고 나를 미워하는 사람에게는 그의 삼대, 사대 자손에게까지 벌을 내릴 것이다. 하지만 나를 사랑하고 나의 명령에 따르는 사람에게는 수천 대 자손에 걸쳐 한결같은 사랑을 베풀 것이다" 입니다.

문50. 제2계명에서 명하는 것이 무엇인가요?
답 제2계명에서 명하는 것은 하나님이 그의 말씀 가운데서 지정하신 종교적 예배와 규례를 순수하게, 그리고 전부 받아들이고 행하고 지키는 일입니다.

문51. 제2계명에서 금하는 것이 무엇인가요?
답 제2계명에서 금하는 것은 우상을 통하거나 그분의 말씀에 정해 있지 않은 어떤 다른 방식으로 하나님께 예배드리는 것입니다.

문52. 제2계명을 지키라 하신 이유가 무엇인가요?
답 제2계명을 지키라 하신 이유는 하나님이 우리의 주권자가 되시고, 우리의 소유주가 되시며, 홀로 예배받는 것을 열망하시기 때문입니다.

문53. 제3계명은 무엇인가요?
답 제3계명은 "나 여호와 너의 하나님의 이름을 함부로 부르지 마라. 나 여호와는 나의 이름을 함부로 부르는 사람을 죄 없다고 하지 않을 것이다" 입니다.

문54. 제3계명에서 명하는 것이 무엇인가요?
답 제3계명에서 명하는 것은 하나님의 이름과 칭호와 속성과 규례와 말씀과 사역을 거룩하게 그리고 존경심을 가지고 사용하라는 것입니다.

문55. 제3계명에서 금하는 것이 무엇인가요?
답 제3계명에서 금하는 것은 하나님이 자기를 나타내신 것이 무엇이든지 훼방하거나 악용하지 말라는 것입니다.

문56. 제3계명을 지키라 하신 이유가 무엇인가요?
답 제3계명을 지키라 하신 이유는 이 계명을 범하는 자가 비록 사람에게서는 형벌을 피할 수 있을지라도 주 우리 하나님은 그들로 하여금 그의 공의로우신

Westminster 소요리문답 정리

심판을 피하지 못하게 하시기 때문입니다.

문57. 제4계명은 무엇인가요?

답 제4계명은 "안식일을 기억하여 거룩한 날로 지켜라. ……왜냐하면 나 여호와가 육 일 동안 하늘과 땅과 바다와 그 안에 있는 모든 것을 만들고 칠 일째 날에는 쉬었기 때문이다. 그러므로 나 여호와는 안식일에 복을 주고, 그 날을 거룩하게 하였느니라" 입니다.

문58. 제4계명에서 명하는 것이 무엇인가요?

답 제4계명에서 명하는 것은 하나님께서 그의 말씀 가운데서 명하신 일정한 때를 그의 앞에서 거룩히 지키는 것인데 특별히 칠 일 중에 하루를 종일토록 하나님께 거룩한 안식일이 되게 하는 것입니다.

문59. 하나님께서 칠 일 중 어느 날을 안식일로 정하셨나요?

답 세상의 시작으로부터 그리스도의 부활까지는 하나님께서 한 주간의 일곱째 날을 안식일로 정하셨고 그 후로부터 세상 끝날에 이르기까지는 그 주간의 첫 날로 명하셨으니 이 날이 바로 그리스도의 안식일입니다.

문60. 안식일을 거룩하게 하는 방법은 무엇인가요?

답 안식일을 거룩하게 하려면 다른 날에 할 수 있는 모든 세상의 업무나 오락까지도 끊고, 그 날을 종일 거룩하게 쉬며, 공적으로나 사적으로나 하나님께 예배를 드리는 일로 그 모든 시간을 보내야 합니다. 다만 부득이한 일이나 자비를 베푸는 일에 드려야 할

시간만큼은 예외입니다.

문61. 제4계명에서 금하는 것이 무엇인가요?

답 제4계명에서 금하는 것은 그 명한 바 의무들을 생략하거나 소홀히 이행하는 일과 게으름으로 하는 것, 또는 본질적으로 죄가 되는 일을 행하거나, 세상의 여러 가지 업무나 오락에 대하여 필요하지 않은 생각이나 말이나 일로 말미암아 주님의 날을 더럽히는 것입니다.

문62. 제4계명을 지키라 하신 이유는 무엇인가요?

답 제4계명을 지키라 하신 이유는 하나님이 우리의 행할 여러 가지 일들을 위하여 한 주간 중 엿새를 허락하시고, 제 칠 일만큼은 특별한 소유권을 요구하시며 스스로 모범을 보이사 안식일을 축복하셨기 때문입니다.

문63. 제5계명은 무엇인가요?

답 제5계명은 "너희 아버지와 어머니를 잘 섬겨라. 그러면 나 여호와 하나님이 너희에게 준 이 땅에서 너희를 오래 살게 할 것이다" 입니다.

문64. 제5계명에서 명하는 것이 무엇인가요?

답 제5계명에서 명하는 것은 각 사람이 자기에게 속한 여러 가지 지위와 인간관계, 즉 상하와 동등한 관계를 지켜 높일 자를 높이고 그 의무를 다하라는 것입니다.

문65. 제5계명에서 금하는 것이 무엇인가요?
답 제5계명에서 금하는 것은 각 사람이 그들의 여러 가지 지위와 인간관계에 있어서 자기에게 속한 명예와 의무를 소홀히 하거나 반대되는 행동을 하는 것입니다.

문66. 제5계명을 지키라 하신 이유가 무엇인가요?
답 제5계명을 지키라 하신 이유는 이 계명을 지키는 모든 사람에게 하나님께 영광이 되고 자기 자신에게 유익이 되는, 장수하고 번영하는 복을 주시기 위해서입니다.

문67. 제6계명은 무엇인가요?
답 제6계명은 "사람을 죽이지 마라" 입니다.

문68. 제6계명에서 명하는 것이 무엇인가요?
답 제6계명에서 명하는 것은 정당한 노력을 다해서 우리 자신의 생명과 다른 사람들의 생명을 지키는 것입니다.

문69. 제6계명에서 금하는 것이 무엇인가요?
답 제6계명에서 금하는 것은 부당하게 우리 자신의 생명이나 우리 이웃의 생명을 빼앗거나 해하는 일들입니다.

문70. 제7계명은 무엇인가요?
답 제7계명은 "간음하지 마라" 입니다.

문71. 제7계명에서 명하는 것이 무엇인가요?
답 제7계명에서 명하는 것은 마음과 말과 행동에 있어서 우리 자신과 우리 이웃의 순결을 지키는 것입니다.

문72. 제7계명에서 금하는 것이 무엇인가요?
답 제7계명에서 금하는 것은 모든 부정한 생각과 말과 행동들입니다.

문73. 제8계명은 무엇인가요?
답 제8계명은 "도둑질하지 마라" 입니다.

문74. 제8계명에서 명하는 것이 무엇인가요?
답 제8계명에서 명하는 것은 우리 자신과 남들의 재산과 산업을 정당하게 지키고 또 늘리는 것입니다.

문75. 제8계명에서 금하는 것이 무엇인가요?
답 제8계명에서 금하는 것은 우리 자신이나 우리 이웃의 재산 또는 사업을 부당하게 방해하거나 또는 방해될 수도 있는 모든 일들입니다.

문76. 제9계명은 무엇인가요?
답 제9계명은 "이웃에 대하여 거짓 증언을 하지 마라" 입니다.

문77. 제9계명에서 명하는 것이 무엇인가요?
답 제9계명에서 명하는 것은 사람과 사람 사이에 진실하며, 우리 자신과 우리 이웃의 명예를 지키며, 특히 증거하는 일에 있어서 거짓으로 하지 말라는 것입니다.

Westminster 소요리문답 정리

문78. 제9계명에서 금하는 것이 무엇인가요?

답 제9계명에서 금하는 것은 진실에 어긋나는 일이나 우리 자신이나 우리 이웃의 명예를 해치는 모든 일입니다.

문79. 제10계명은 무엇인가요?

답 제10계명은 "이웃집을 탐내지 마라. 이웃의 아내나, 남종이나 여종이나, 소나 나귀나, 그 밖에 이웃의 어떠한 것도 탐내지 마라" 입니다.

문80. 제10계명에서 명하는 것이 무엇인가요?

답 제10계명에서 명하는 것은 우리 자신의 처지에 완전히 만족하며 이웃과 그의 모든 것에 대하여 의롭고 자비로운 마음을 품으라는 것입니다.

문81. 제10계명에서 금하는 것이 무엇인가요?

답 제10계명에서 금하는 것은 우리 이웃이 잘 되는 것을 시기하고 싫어하면서 우리 자신의 처지에 불만을 가지는 일과, 이웃의 소유에 대한 부당한 행동이나 탐욕을 가지는 모든 것입니다.

문82. 사람이 하나님의 계명을 완전히 지킬 수 있을까요?

답 인간이 타락한 이후 이 세상에서 하나님의 계명을 완전히 지킬 수 있는 사람은 하나도 없습니다. 오히려 생각과 말과 행위에 있어서 날마다 계명을 어깁니다.

문83. 모든 범죄가 똑같이 악한가요?

답 어떤 죄는 그 본질과 여러 가지 악한 성격들 때문에 하나님 앞에서 다른 죄보다 더욱 가증스럽습니다.

문84. 모든 죄가 마땅히 받을 보응이 무엇인가요?

답 모든 죄가 이 세상에서와 또 오는 세상에서 하나님의 진노와 저주를 받습니다.

문85. 죄 때문에 마땅히 당할 하나님의 진노와 저주를 피하게 하시려고 하나님이 우리에게 명하시는 것은 무엇인가요?

답 죄 때문에 마땅히 당할 하나님의 진노와 저주를 피하도록 하시려고 하나님이 우리에게 요구하시는 것은 그리스도가 구속의 혜택을 우리에게 전달하는 데 사용하시는 모든 방법을 힘써 사용하면서, 예수 그리스도를 믿고 생명에 이르도록 회개하는 일입니다.

문86. 예수 그리스도를 믿는다는 것은 무엇인가요?

답 예수 그리스도를 믿는다는 것은 곧 구원의 은총입니다. 그러므로 우리는 복음 안에서 우리에게 주신 대로 구원을 얻기 위하여 예수님을 영접하고 그에게만 의지하는 것입니다.

문87. 생명에 이르는 회개란 무엇인가요?

답 생명에 이르는 회개 역시 구원의 은총입니다. 회개를 통해 죄인이 자기 죄를 바로 알고 또한 그리스도 안에서 하나님의 긍휼하심을 깨달아 자기 죄를 슬퍼하고 미워하며 그 죄에서 떠나 하나님께로 돌아가서 굳은 결심과 노력으로써 새롭게 순종하는 것입니다.

문88. 그리스도가 우리에게 구속의 유익을 전하는 외적인 표현방법은 무엇인가요?

답 그리스도가 우리에게 구속의 유익을 전하는 외적인 표현방법은 그의 규례인데 특히 말씀과 성례와 기도를 의미합니다. 이 모든 것이 구원을 위하여 택함을 받은 자들에게 능력있는 것입니다.

문89. 하나님의 말씀에는 어떤 힘이 있어 우리가 구원을 얻게 하나요?

답 하나님의 영은 하나님의 말씀을 읽는 것과 특히 설교를 영향력있는 도구로 삼아 죄인이 반성하고 회개하게 하시며, 또 믿음으로 말미암아 거룩함과 위로를 더하사 구원에 이르게 하십니다.

문90. 하나님의 말씀이 우리를 구원에 이르게 하는 능력있는 것이 되게 하려면 우리가 말씀을 어떻게 읽고 들어야 할까요?

답 하나님의 말씀이 구원에 이르게 하는 능력있는 것이 되게 하려면 우리가 부지런함과 준비와 기도를 통해 말씀에 열중하고, 말씀을 믿음과 사랑으로 받아들이고 우리 마음에 간직하며 생활에서 실천해야 합니다.

문91. 성례가 어떻게 구원의 능력있는 방법이 되나요?

답 성례가 구원의 능력있는 방법이 되는 것은 성례 자체가 지니는 어떤 효능이나 그것들을 집례하는 사람의 어떤 덕에서 오는 것이 아니라, 그리스도의 축복과 또 성례를 믿음으로 받아들이는 사람 안에서 활동하시는 성령의 사역에 의한 것입니다.

문92. 성례란 무엇인가요?

답 성례는 그리스도께서 세우신 거룩한 예식입니다. 사람이 알 수 있는 표적들을 통하여 그리스도와 또 새 언약의 혜택이 믿는 자들에게 나타나고 보증되고 적용되는 것입니다.

문93. 신약의 성례는 무엇이 있나요?

답 신약의 성례는 세례와 성찬(주의 만찬)입니다.

문94. 세례란 무엇인가요?

답 세례는 물을 가지고 성부와 성자와 성령의 이름으로 씻는 성례입니다. 이것은 우리가 그리스도에게 접붙임이 되는 것과 은혜계약의 여러 가지 유익에 참여함과 우리가 주님의 사람이 되기로 약속하는 것을 의미하며 확증하는 것입니다.

문95. 세례는 누구에게 베풀 수 있나요?

답 세례를 교회 밖에 있는 사람에게 베풀어서는 안 됩니다. 그리스도를 믿고 그에게 순종하겠다고 고백을 한 사람에게만 비로소 베풀게 됩니다. 또 믿는 사람의 아기들에게도 세례를 베풀 수 있습니다.

문96. 성찬이란 무엇인가요?

답 성찬은 성례의 하나로 그리스도가 정하신 대로 떡과 포도즙을 주고 받음으로써 그리스도의 죽으심을 나타내 보이는 예식입니다. 이 성례를 합당하게 받는 자들은 육체적인 욕심을 따르는 자가 아니라 믿음에 의한 자로서 그리스도인의 몸과 피에 참여하는 자가 되며 그의 모든 혜택을 받고 은혜 가운데서 영적인

Westminster 소요리문답 정리

양육과 성장을 얻게 됩니다. 하나님을 영화롭게 하는 것과 그를 영원토록 즐거워 하는 것입니다.

문97. 주의 성찬에 합당하게 참여하려면 어떻게 해야 할까요?

답 주의 성찬에 합당하게 참여하려면 반드시 주님의 몸을 분별할 줄 아는 지혜와 주님을 양식으로 삼는 믿음과 회개와 사랑과 새로운 복종심이 자기에게 있는지 없는지를 살펴보아야 합니다. 혹시 부당하게 참여하여 먹고 마심으로 인해 정죄를 가져오지 않을까 염려되기 때문입니다.

문98. 기도란 무엇인가요?

답 기도는 우리의 소원을 하나님께 아뢰는 일입니다. 우리의 죄를 고백하며 그리스도의 자비를 감사한 마음으로 인정하면서 하나님의 뜻에 맞는 것들을 그리스도의 이름으로 아뢰는 것입니다.

문99. 하나님께서 우리에게 주신 기도의 지침은 없나요?

답 하나님의 모든 말씀이 우리에게 유용한 기도의 지침이지만 그중에서도 특별한 지침은 그리스도께서 그 제자들에게 가르쳐 주신 기도로, 보통 '주기도문'이라고 말합니다.

문100. 주기도문의 서문이 우리에게 가르쳐 주는 것은 무엇인가요?

답 주기도문의 서문 곧 "하늘에 계신 우리 아버지"는 자녀가 아버지에게 나아가듯이 언제라도 도와주실 능력이 있는 하나님께 우리가 거룩한 모든 공경심과 확신을 가지고 가까이 나아갈 것과 우리가 다른 사람들과 함께 기도하고 또한 다른 사람들을 위하여 기도할 것을 가르쳐 주십니다.

문101. 주기도문의 첫째 기원에서 우리는 무엇을 기도하나요?

답 주기도문의 첫째 기원 즉 "아버지의 이름이 거룩하게 여김을 받으소서"라는 구절에서 우리는 하나님께서 자기를 나타내시는 모든 일에 우리와 다른 사람들로 하여금 그를 영화롭게 하고 또한 모든 것을 하나님 자신의 영광이 되도록 인도해 주시기를 구하는 것입니다.

문102. 주기도문의 둘째 기원에서 우리는 무엇을 기도하나요?

답 주기도문의 둘째 기원 즉 "아버지의 나라가 이루어지게 하소서"라는 구절에서 우리는 사탄의 나라가 멸망하고 은혜의 나라가 부흥하여 우리 모두 은혜의 나라에 들어가 항상 거하게 하시고 또한 영광의 나라가 속히 이루어지게 하여 주시기를 구하는 것입니다.

문103. 주기도문의 셋째 기원에서 우리는 무엇을 기도하나요?

답 주기도문의 셋째 기원 즉 "아버지의 뜻이 하늘에서처럼 이 세상에서도 이루어지게 하소서"라는 구절에서 우리는 하나님께서 은혜를 베풀어 우리가 능히 기꺼운 마음으로 범사에 그의 뜻을 알아 순종하고 복종하기를 하늘에서 천사들이 그렇게 행함과 같이 하여 주시기를 구하는 것입니다.

문104. 주기도문의 넷째 기원에서 우리는 무엇을 기도하나요?

답 주기도문의 넷째 기원 즉 "오늘 우리에게 필요한 양식을 주소서"라는 구절에서 우리는 값없이 주는 하나님의 은혜로 이 세상의 좋은 것들 중에서 충분한 몫을 받고 그 모든 것과 아울러 그의 축복을 누리게 해 주실 것을 구하는 것입니다.

문105. 주기도문의 다섯째 기원에서 우리는 무엇을 기도하나요?

답 주기도문의 다섯째 기원 즉 "우리에게 잘못한 사람을 우리가 용서해 준 것처럼 우리의 죄를 용서하여 주소서"라는 구절에서 우리는 그리스도로 인하여 우리의 모든 죄를 값없이 용서하여 주옵소서 하고 간구합니다. 우리가 주의 은혜를 힘입어 진심으로 다른 사람들을 용서하여 주었을 때 우리는 더욱 용서를 구할 용기를 갖게 되는 것입니다.

문106. 주기도문의 여섯째 기원에서 우리는 무엇을 기도하나요?

답 주기도문의 여섯째 기원은 즉 "우리들을 시험에 빠지지 않게 하시고, 악으로부터 구원해 주소서"하는 것으로, 이것은 하나님께서 우리를 범죄에 이르는 시험에 들지 않게 하시고 또 우리가 시험을 당하였을 때 우리를 도와주시고 구하여 주시기를 간구하는 것입니다.

문107. 주기도문의 결론이 우리에게 가르쳐 주시는 것은 무엇인가요?

답 주기도문의 끝맺는 말 즉 "아버지는 나라와 권세와 영광을 가지고 계십니다. 아멘"이라고 한 기도는 우리가 기도할 때에 하나님께로부터만 용기를 얻고 또한 기도 중에서 나라와 권세와 영광을 하나님께 돌리면서 그를 찬송해야 한다는 것입니다. 우리의 소원을 아뢰며 그것을 하나님께서 들어주시리라고 확신하면서 우리가 '아멘' 하고 말하는 것입니다.

초판 1쇄 펴낸 날 2013년 7월 10일
초판 6쇄 펴낸 날 2025년 3월 26일

글·그림 김우영
펴낸이 박종태

펴낸곳 비전북
출판등록 2011년 2월 22일 (제2022-000002호)
주소 10849 경기도 파주시 월롱산로 64, 1층 (야동동)
전화 031-907-3927 | 팩스 031-905-3927
이메일 visionbooks@hanmail.net
페이스북 @visionbooks 인스타그램 vision_books_

마케팅 강한덕 박상진 박다혜 김석현
관리 정광석 박현석 김신근 조용희 이용주 전경성
경영지원 김태영 최영주

공급처 ㈜비전북 T.031-907-3927 F.031-905-3927
제작처 예림인쇄·예림바인딩
ISBN 979-11-950630-1-7 03230

· 비전북은 몽당연필, 바이블하우스, 비전CNF와 함께합니다.
· 잘못된 책은 구입하신 서점에서 바꾸어 드립니다.
· 책값은 뒤표지에 있습니다.

Amazing Grace